装幀＝藤井紗和
組版＝鈴木さゆみ

平和の遺伝子＊目次

はじめに

一九八九年の大納会で日経平均株価が三万八九一五円をつけたとき、それが最高値になると思った人はほとんどいなかった。世界史上空前の高度成長を遂げ、自動車やテレビや半導体で世界を圧倒した日本の株価は、永遠に上昇するかのように思われた。唯一の心配は、その成功によってアメリカから攻撃されることだった。

それから三五年たち、日経平均はようやくその高値を抜いたが、ニューヨーク・ダウ平均株価は同じ期間に一七倍になった。私は人生の半分をバブル前、半分をバブル後に過ごしたことになるが、かつてあれほど成功した日本が、その後「失われた一〇年」といわれ、それが「失われた二〇年」になり、最近は「衰退途上国」といわれるようになったのはなぜか、いまだによくわからない。

人口が減ったのは一つの原因だが、人口の減っている国は日本だけではない。労働生産性は、一九七〇年代から一貫してG７（先進七ヶ国）で最低である。その原因は日本人の能力が低いからではない。日本人の平均知能指数は世界一だという調査もある。日本が衰退した原因は複雑だが、一つは日本人がリスクを取って投資しなくなったことだろう。特に企業は一九九八年から貯蓄超過になり、それが二五年にわたって続いている。企業は家計から金を借りて投資する組織だから、それが貯蓄しているのでは、経済が成長するはずがない。

白水社から『「空気」の構造』という本を出したのは、二〇一三年だった。この「空気」というのは山本七平の言葉で、「空気読め」などと同調圧力を表現するのによく使われる。日本人なら誰でもピンと来ると思うが、外国人には伝わりにくい。青木昌彦には「空気という言葉は学問的ではない」と批判され、それ以来、この「空気」の実態は何だろうと気になっていた。

それをあらためて考えようと思ったきっかけは、二〇二〇年の新型コロナ流行である。これはヨーロッパでは危険な感染症だったが、日本ではインフルエンザとほとんど変わらない風邪だった。ところが日本でも緊急事態宣言が出され、ヨーロッパと同じようなパニックが始まった。政府の対応は支離滅裂で、日本人には危機管理ができないことがよくわかった。それは国家意識がなく、政治が世間の「空気」で動くからだ。

最初はこの問題は進化心理学の応用で説明できると思ったのだが、意外にむずかしく、そうしているうちに二〇二二年にウクライナ戦争が起こった。いまだに侵略したロシアと反撃するウクライナが「どっちもどっちだ」という人々が多く、日本人の平和ボケを改めて痛感した。この平和ボケは（『丸山眞男と戦後日本の国体』を書くきっかけになった）安保法制をめぐる騒動にも通じる問題で、その原因は直接には平和憲法だが、あの非現実的な憲法が今も支持される背景には、意外に根深い問題があるのではないか。

それは多くの日本人に古代から共有されてきた「平和の遺伝子」ともいうべきものだ。もちろんこれは生物学的なDNAではなく、言語や習慣のように脳の長期記憶に蓄積される「暗黙知」である。

これは日本では「形式知」と対立する職人芸のようなものと誤解されているが、マイケル・ポランニーの定義では人が外界を認識するとき必要な解釈の枠組で、彼の影響を受けたトマス・クーンが「パラダイム」と名づけた[1]。

本書は縄文時代から受け継がれてきた日本人の暗黙知を「文化遺伝子」の進化として考える試みである。文化は遺伝形質のように突然変異でランダムに進化するのではなく、目的意識的につくられて社会に蓄積され、親から子へと学習によって蓄積される。そのメカニズムは、最近の生物学でわかってきた。第I部はこれを解説したものだが、進化心理学に興味のない読者は第II部から読んでいただいてもよい。

第II部以降はほぼ時系列で日本の歴史を追っているので、それほど抵抗なく読めると思う。これは歴史を網羅的に解説したものではなく、日本人の国家意識を縄文時代の「最古層」から一貫する暗黙知として考えたものだ。そこにみられるのは、コミュニティを超える国家権力を拒否し、共同体の合意を守る文化遺伝子である。このような「自己家畜化」現象は最近の生物学でも注目されるようになったが、専門的な問題に興味のある読者は、巻末にあげた文献を読んでいただきたい。

本書の構想は四年前にできたが、途中で構想が変わって日本の歴史を勉強しなおす結果になり、後半はほとんど新たに書き下ろした。いま思うと『戦後リベラルの終焉』で戦後の知識人の偽善を明らかにし、『丸山眞男と戦後日本の国体』でその思想的な原因を追究した結果、日本人の最古層に平和ボケの文化遺伝子があることを発見したわけだ。白水社の竹園公一朗氏には、執筆が長期にわたってご迷惑をかけたが、『「空気」の構造』以来の宿題に私なりの答を出すことができたと思う。人名の敬称はすべて略し、肩書きは当時のままとした。

池田信夫

序章　新型コロナで露呈した「国家の不在」

世界中が大騒ぎした新型コロナウイルス感染症は、日本では大きなリスクではなかった。コロナ死者数は、二〇二三年までに累計約七万五〇〇〇人。人口一六〇〇人に一人と、先進国では最小だった。しかし人々は新型コロナという特定の感染症だけを恐れ、毎日それが何人に感染したかというニュースが出て、政府も自治体もそれに一喜一憂した。

緊急事態宣言が出されたが、そういう非常時の体制が解除されるのは、先進国でもっとも遅かった。このように日本政府が危機管理に弱いことはよく指摘され、憲法を改正して非常事態条項を設けろという議論があるが、それでは問題は解決しない。この背景には、国家と強い指導者をきらう日本人の意識があるからだ。

リスクをきらう古い脳

日本経済が投資不足になっている一つの原因は、預貯金が多すぎることだ。日本人の金融資産の中で現金・預金は五四％を占め、ＯＥＣＤ（経済協力開発機構）諸国で最高である。この比率は戦後まったく変わらない。その原因は金融機関が銀行に片寄っているためではないか、ということでバブル期には海外の証券会社が大挙して押し寄せたが、バブル崩壊後にほとんどが撤退した。日本人がリスクがきらいなのは銀行が多いからではなく、逆にリスクがきらいだから預貯金が多いのだ。

ではリスクがきらいなのは、なぜだろうか。その原因は日本人が「集団主義」だからといわれるが、山岸俊男の実験によれば、日本人は個人としては必ずしも集団主義ではなく、他人を裏切る傾向が強い。これは他人を裏切ると有利になる「囚人のジレンマ」で、日米の学生がどんな行動をとるかを実験ゲームで観察したものだ(1)。

ここでは相手が協力するなら自分も協力すると利益があるが、相手が裏切るなら自分も裏切ることが合理的で、相手が協力すると自分も協力したほうが有利になる。そういう状況で実験すると、個人主義的なアメリカ人のほうが利己的に行動すると予想されたが、実際には日本人のほうが利己的に行動した。

この原因は、アメリカがばらばらの個人が集まる社会なので、相手が裏切るまでは未知の他人に協力する「信頼社会」になっているのに対して、日本は特定の集団のインサイダーだけを信頼する「安心社会」なので、長期的関係（コミットメント）のある相手だけを信頼するし、実験で出会うような未知の人は疑うことが既定値になっている、というのが山岸の説明である。

「世界価値観調査」でも、「自分は冒険やリスクを求める」というカテゴリーに当てはまらないと思っている人の比率は、英米・カナダ・オランダで四〇％前後であるのに対して、日本人は七〇％以上で、調査対象国の中で最大である。常識的にはリスクが低いと思われている日本社会で、リスクを避ける傾向がこれほど強いのはなぜだろうか。

山岸は、日本のほうがリスクが高いからだという。一見、雇用の保証がなく自己責任になっているアメリカのほうがリスクが高いようにみえるが、社会のしくみが解雇や転職が多いことを前提につくられているので、クビになっても新たな職を見つけやすい。今は失業率が高いが、三年以上の長期失業率はアメリカが主要国でもっとも低い。

これに対して日本は、会社にしがみついている限りリスクはないが、その外に出ると転職はきわめて困難でセーフティ・ネットもなく、リスクがきわめて大きい。実験によれば、日本人は個人としては必ずしも集団主義ではないが、他人の目を気にする傾向が強い。これは日本人の性格というより組織への同調を求める日本社会の特性によるもので、組織や制度が変われば個人も変わる。海外で生まれた子供にはこういう特徴は見られない。

人々が企業や系列などの集団の中で動いて変化に対応する戦略は、変化が系列ネットワークの中で吸収できる場合にはそれなりに有効だった。しかし九〇年代以降、冷戦の終了によって新興国が世界市場に登場し、資本がグローバルに移動するようになると、企業集団の中でヒトもカネも閉鎖的に管理する日本企業は、グローバル競争の敗者になってしまう。衰退途上国といわれる日本の衰退の原因を考える上では、このリスク態度を考える必要がある。

ゼロリスクの法則

日本人のリスク態度の特殊性が明らかになったのは、二〇一一年三月の東京電力福島第一原子力発電所の事故のときである。微量の放射能を恐れて西日本まで「自主避難」した人々は「放射脳」と呼ばれた。新型コロナでも同じような現象が起こり、福島のときは冷静にリスクを見た人が、コロナでは「ウイルスをゼロにしろ」などと非合理的な主張をして「コロナ脳」と呼ばれている。このような行動様式には法則性がある。

その共通点は、リスクが相対化できず、特定のリスクを絶対化することだ。原子力にリスクはあるが、その発電量は非常に大きいので、発電量１ＴＷｈ（一兆ワット時）あたりの死者は〇・〇七人。石炭（二四・六人）の三五〇分の一である。[2] 原子力発電の歴史の中で一〇人以上の死者が出たのは、一九八六年のチェルノブイリ原発事故だけだ。福島事故でも放射線による健康被害はなく、今後も発生しないと国連科学委員会は推定している。[3]

二〇一一年から民主党政権が原発を止めたおかげで火力発電所が増え、二酸化炭素（CO_2）が増えただけでなく大気汚染も悪化し、化石燃料の輸入増で五〇兆円以上の国富が失われた。そういう多くのリスクのトレードオフを考えないで、放射能やコロナのリスクを絶対化してゼロにしようとする。

確率を考えないで、最大の損失を最小化しようとする。感染症や放射能のように大きな不確実性に直面したとき、人々は経済学の想定する「期待効用最大化」のような行動はとらないで、最悪の場合のリスクを最小化する「ミニマックス原理」で行動する。科学的な安全ではなく、心理的な安心を求める。福島第一原発のトリチウムを含む「処理水」も環境基準以下に薄めて流せば人体に危険はないが、「風評」を根拠に海洋放出に反対する。

このようにゼロリスクには共通の法則がある。それは恐怖が理性的な思考に先立ち、理性を上書きしてしまうことだ。このような反射的な「速い思考」を行動経済学でシステム１と呼ぶ。それは感情と呼ばれるが、理性的なシステム2の「遅い思考」より速く反応する。これを「古い脳」と呼ぶことにすると、それは必ずしも不合理な機能ではない。

人はなぜリスクを錯覚するのか

リスクという言葉が日本で使われるようになったのは、そう古いことではない。日本のリスク管理の草分けである中西準子は、下水道の設計の中で微量の発癌物質をどうやってなくすか思い悩んでいたとき、一九八七年にアメリカの議会図書館で「発癌リスクの許容度」のデータを見てショックを受けたという。それまでの安全管理は死者をゼロにすることが目的で、一定の死亡率を許容することはありえなかったからだ。(4)

これを機に中西は「リスク」という概念を日本で広めようとしたが、反公害運動の仲間は「体制側に転向した裏切り者」と批判し、離れていった。中西はその後、横浜国立大学や産業技術総合研究所で、日本で初めて「リスク」と名のついた研究組織をつくり、さまざまなリスクを定量的に調査したが、日本で定着するまでには時間がかかった。

リスクという言葉は、一般的には今も「危険性」というぐらいの意味で使われているが、数学的に厳密に定義された概念である。たとえば青酸カリとタバコは、どっちのリスクが大きいだろうか。タバコを一本吸っても死ぬことはないが、青酸カリは〇・二グラム飲むと死に至るから、青酸カリのほうがリスクが大きいと考えるのは誤りである。日本で喫煙で死ぬ人は毎年約一〇万人いるが、青酸カリで死ぬ人は一人もいない。それは厳格に管理され、一般人が飲むことはありえないからだ。リスクは

リスク＝ハザード×確率

と定義される。ここでハザードとは一回あたりの被害（確率変数）を示し、リスクは「確率変数×平均確率」の積として求められる。ほとんどのリスク管理はこれを前提にしており、確率分布がわかれば、その数学的な「期待値」は一義的に決まる。タバコのハザードは小さいが、その煙を吸う確率が高いので、タバコで命を失う期待値は青酸カリよりはるかに大きいのだ。

しかし多くの人はハザードとリスクを混同する。たとえば小泉純一郎元首相は「原発の被害は人類の起こす事故の中で最大なので、事故は絶対に起こしてはいけない。絶対に事故の起こらない技術はないので、原発はゼロにすべきだ」という。[5] そうだろうか。福島第一原発事故では、放射線障害による死者はゼロである。商用炉の運転が始まってから六〇年間で、原発事故の死者はチェルノブイリ事故の六〇人。つまり平均すると一年に一人である。

それに対して交通事故の死者は、日本だけで戦後、約六〇万人。自動車の増えた一九六〇年代以降六〇年間の平均で一年に一万人である。交通事故は原発事故よりはるかに危険なのだ。小泉氏の論法に従うと、絶対に事故の起こらない自動車はないので、自動車もゼロにしなければならない。

小泉氏の話は確率が理解できない文系のよくある錯覚だが、個人にとっては合理的な錯覚である。あなたが生き残る上で大事なのは、世界で一年に何人死ぬかではなく、自分が死ぬかどうかだから、確率も平均値も関係ない。確率を無視して最悪の場合を考え、ハザードの最大値を想定する感情は、それなりに合理的なのだ。

これは人間が、進化の中で身につけた行動だろう。たとえば、あなたが夜道を歩いていて、何か大きな物体が飛んできたら、それが何か確認する前にとっさによけるだろう。それが岩だったら死ぬこともあるが、飛んできたのがサッカーボールだとわかっても笑い話ですむ。恐怖は反射的に起こる感情で、理性的な計算を介さない。そういう反射神経のない人は、進化の中でとっくに淘汰されたはずだ。

このリスクは、集団だとさらに大きくなる。生物は遺伝子の乗り物だから、個体が死んでも遺伝子は残るが、集団が全滅すると遺伝子が絶えてしまう。だから生物は最悪の場合の損失を最小化して、遺伝子を残そうとする。恐怖はこうした生存競争に生き残るために進化した感情である。いいことに喜ぶ感情もあるが、それは生き残るためには重要ではない。集団の直面した危険に対して全員が恐怖を感じる感情は合理的なのだ。

コロナ専門家の暴走

コロナをめぐって迷走した政府の意思決定は、日本人に危機管理能力がないことを露呈した。特にひどかったのは、専門家と自称する人々の暴走である。西浦博（京都大学教授）の「何もしなかったら四二万人死ぬ」というシミュレーションは実測データと無関係な思考実験だったが、政府の専門家会議はそれをチェックできず、厚生労働省も役所で彼に記者会見させた。これは西浦も認めたように、政府の意思決定システムを踏み越えたクーデタだったが、厚労省も専門家会議も彼をコントロールできなかった。

これをみて戦前の軍部を連想した人は少なくない。初期の新型コロナウイルス感染症対策専門家会議は、厚労省とは別に設置されたアドホックな組織で、命令系統がはっきりしなかったが、参謀本部のように方針を打ち出し、政府はそれに影響を受けて緊急事態宣言を出し、臨時休校や飲食店の営業禁止などの措置を打ち出した。

満州事変を起こしたのは政府でも参謀本部でもなく、関東軍の参謀（課長級）にすぎない石原莞爾《かんじ》だった。軍部はいつの時代にも、戦争を求める。地震学者は地震対策に無限のコストを求め、気象学者は気候変動に無限の対策を求める。感染症学者が感染症対策に無限のコストを求めるのも当然である。

政治はそういう個別利害を超え、全体最適を考えて判断しなければならないが、戦前の日本では軍部に知的エリートが集まり、その権威に政治家が勝てなくなった。軍部が「統帥権の独立」という論理で独立性を主張し、政府が決定して専門家が実行する階層構造が崩れてしまった。その結果、指揮系統が混乱して両論併記で先送りが続く。それで何もしなければまだいいのだが、最後は状況に迫られ、ドタバタの中で誰も望まない結論が出てしまう。日米開戦は東條英機首相さえ望まなかった。

このような日本的意思決定の特徴を丸山眞男はみこしにたとえた。確たる中心がなく、多くの担ぎ手が押し合いへし合いしているうちに、みこしは思いもかけぬ方向へ流れてゆく。その構造は開戦前夜から現代に至るまで似ており、その間違え方には法則がある。全員一致と前例主義である。日本の政治には、昔から多数決の原理がない。すべての意思決定の原則は全員一致で、全員が一致できない問題は先送りするので前例主義が続く。

これは農村の意思決定である。多数決でやると村が分裂して共同作業ができなくなるので、全員一致できない問題は決めない。全員一致が可能なのはたかだか数十人の集団だから、それを超える集団はタコツボ共同体の集合になり、大きな意思決定ができない。だから戦争は苦手なのだが、関東軍のように突破力のある軍団が暴走すると、政府がそれに引っ張られる。日米戦争も積極的に選択されたのではなく、決定の先送りを繰り返し、異論の多い選択肢を避けた結果、消去法で開戦が決まったのだ。(6)

どこの国でも官僚機構は前例主義だが、前例を超える大きな意思決定は主権者がおこなう。しかし明治憲法では主権者たる天皇が「空虚な中心」だったため、指揮系統がわからなくなった。こういうとき専門家の力の源泉になるのは、属人的な権威である。専門的知識の中身はブラックボックスなので、「あの人がいうなら従うしかない」というのが最後のよりどころになる。満州事変を始めたのも戦時体制を組んだのも、課長級の専門家だった。

このような部分最適の意思決定では戦争には勝てないから、大局的な判断を最高指揮官に一任し、将官も兵士もそのトップダウンの指揮に従うのが戦争の鉄則だが、日本軍では中隊レベルで実質的な意思決定がおこなわれ、司令部はそれを追認するだけだった。官僚機構でも「局あって省なし」といわれるように部分最適化がおこなわれ、国家としての意思決定ができない。

コロナでも、政府がこのようなタコツボ集団だということが露呈した。厚労省の下に置かれた新型コロナウイルス感染症対策分科会の尾身茂会長が大臣を超える発言権をもって行動制限を決定し、ワクチン接種などに強大な指揮権を行使した。一〇〇兆円を超えるコロナ対策費がほとんど国会を通さずに支出され、いまだにその総額もはっきりしない。このような国家としての意思決定のできない欠陥の背景には、意外に根深い原因がある。

I

暗黙知という文化遺伝子

第一章　文化はラマルク的に進化する

一九世紀にジャン＝バチスト・ラマルクは「用不用説」を提唱した。キリンの首が長いのは、高い木の枝の実を食べようと首を伸ばしているうちに長くなったのだという。これは獲得形質が遺伝することを前提にしているので今日では否定されている。草原で生きる動物のほとんどは食物がなくなると死ぬが、突然変異でたまたま首の長い動物が生まれ、他の動物に食べられない木の実を食べて生き残ったのだろう。

だが結果的には、キリンが目的をもって首を伸ばしたようにみえる。ランダムな突然変異で首があれほど長くなるとは考えにくい。それは時計のばらばらの部品から偶然、時計ができるほど確率の低い事象である。[1] これは遺伝的な進化ではいまだに解けない謎だが、文化の進化では答は明らかだ。親は子供に自分と同じ行動をさせるという目的をもっているので、文化はラマルク的に進化するのだ。そのスピードは、遺伝的な進化よりはるかに速い。

文化は学習によって蓄積される

化石のＤＮＡ解析を使った考古学の技術革新は、人類の歴史を書き換えつつある。その成果としてわかったのは、文化も進化するということである。これは文化が遺伝形質を変えるという意味ではない。遺伝的な突然変異はランダムに起こり、偶然それが環境に適応して遺伝形質が変化するのは一万年単位である。文化は一生の間にも大きく変化し、その影響は個体変異なので、これが遺伝形質を変えることはありえない。文化は遺伝形質の制約の中でしか変化できないのだ。

しかし百万年単位でみると、文化は遺伝形質に影響する。人類が直立歩行するようになって手が自由になり、道具を使って動物を殺し、火を使って料理できるようになったため、歯が退化し、消化器は短くなった。文化が遺伝形質を変えたのだ。三万年ぐらい前の氷河期、アフリカから北上した人類は絶滅寸前で、世界全体で数千人まで減ったが、大型哺乳類を協力して捕獲する技術を身につけて生き延びた。このとき人類が身につけたのが、集団をつくる技術である。[2]

集団の最小単位は家族（親子）だが、それだけでは狩猟はできない。マンモス、犀、鹿などの大型動物を追い込んで捕獲するには、家族以外の他人と協力する必要がある。人間の大きすぎる脳は多くのエネルギーを消費するが、共同作業には適していた。基礎代謝の二〇％以上を消費する脳のエネルギー効率は悪く、初期の人類の大部分は滅びたが、一部の個体では、ネットワーク能力が役に立った。

大型哺乳類を殺すのは、それより身体の小さな動物には困難で、これが生態学的なニッチだったため、人類は「殺す猿」として進化し、自分より強い類人猿に対して協力して身を守る能力で生き残った。このため集団行動が発達したが、それ自体は必ずしも生存に有利ではない。たとえば世界各地にみられる巨石文化は、生活の役に立ったとは思われないが、集団を維持する役に立ち、結果的には結束の強い部族が生き残った。

最近では、このような集団行動を支配する遺伝子も多く見つかっている。道徳的な行動には前頭葉の神経機構がかかわっており、それはドーパミンやセロトニンなどの神経伝達物質に依存し、その分泌を支配する遺伝子も特定されている。このような集団に適応する個体が子供を多く残すことによって、文化は進化するのだ。(3)

フリードリヒ・ハイエクは「文化の進化はラマルクを模倣する」と述べた。(4) たとえば火が発見されたのは偶然だろうが、それを見た人は火が消えないように燃料を補給し、それを子供に伝えればいい。子供は火を使って食事したり、暖を取ったりでき、その技術をさらに子供に伝える。遺伝では数万年から数百万年かかる環境への適応が、学習によって数年から数十年でできるようになるのだ。

その原因は、ランダムな変異には目的がないのに対して、道具には目的があるからだ。他人の行動を学習する能力はごく一部の類人猿にしかなく、人間の記憶能力は霊長類の中で最大である。これは大きな脳をもった人間の特徴である。つまり人間は身体的能力が退化する代わりに、それを代行する脳の機能が進化し、必要な機能を文化的に実現するラマルク的な進化をとげたのだ。

学習に必要な脳の機能は高度な思考能力ではなく、他人の行動をまねる能力である。子供が親の行動をまねるとき、それが正しいかどうかは考えない。他人を信じる能力は人間に固有の遺伝形質で、子供が親の行動をまねて身につける能力は類人猿にはみられない。子供は生後九ヶ月ぐらいから片言を話すようになり、三六ヶ月で基本的な言葉は使えるようになる。これは乳児の脳の発達の過程で、三歳までにハードウェアができるからだ。脳内のニューロン（神経細胞）の数は生後すぐのとき最多で、成長とともに減るが、シナプス（軸索）の密度は三歳ぐらいで最多になり、そのあとは減ってゆく。

もう一つ必要なのは、文化を他人に伝えるコミュニケーション能力である。人間はつねに他人と話していないと落ち着かない。おしゃべりのほとんどは他人の噂話で、実用的な意味はないが、互いに同じ人を知っていることを確認している。これは類人猿の毛づくろい（グルーミング）と似ている。

猿は起きている時間の二〇％近くを毛づくろいに費やす。これ自体は無意味な行動だが、自分の弱点である背中を他の個体に見せて仲間だということを示し、集団への帰属を確認しているのだ。それに対して人間は、言葉で自分が何を考えているかを絶えず他人に伝えて仲間を確認し、集団を維持している。人間が乾燥地帯で移動生活していたころには、敵と仲間を絶えず確認することが、生き残る上で不可欠だったからだ。(5)

個体レベルと集団レベルの淘汰

ディズニーの動物映画などには、母親が子供を守るシーンが出てくる。たとえば兎の親子にライオンが近づいたとき、兎の母親がわざと走り出してライオンの注意を引いて子供を守る。こういう利他的な行動は実際の動物でもよくみられるが、個体レベルの進化では説明できない。蟻や蜂のような社会性昆虫の集団的行動も、個体の生存競争では説明できない。働き蜂は自分の子孫を残せないのに、女王蜂のために働く。

それを説明するために生まれたのが「群淘汰」の理論だった。(6) これは個体より「種の保存」を優先する遺伝子があるという理論だが、矛盾を抱えていた。利他的で互いに助け合う動物ばかりだと繁殖に有利だが、集団の中に利己的な個体がいると、利他的な個体は利己的な個体に食い物にされてしまうからだ。たとえば猿の中には、同じ集団の中で新しいオスが元のオスの子を殺す行動がみられる。このような子殺しは多くの動物でみられ、素朴な群淘汰理論では説明できない。

それを説明するのが「血縁淘汰」の理論である。これはリチャード・ドーキンスの『利己的な遺伝子』というベストセラーで知られているが、一九六四年にウィリアム・ハミルトンの論文で発表された理論である。[7] それは進化の単位を個体ではなく血縁集団と考え、遺伝子を共有する確率（血縁度）の高い個体を守ると考える理論である。

子供は親の遺伝子を1／2もっているので、親が自分を犠牲にして二人以上の子供を救うと、失われる遺伝子より多い遺伝子を残せる。社会性昆虫では、働き蜂には生殖能力がないが、女王蜂の生殖を助ける。ここでは働き蜂は、自分と半分遺伝子を共有する女王蜂に子を産ませることで、遺伝子を増やしているのだ。「利己的な遺伝子」というのはものの例えで、DNAが利己的な目的をもっているわけではない。

しかし一九九〇年代に、ハミルトンの理論でも説明できない現象が報告されるようになった。中でも有名なのは、細菌の感染についての実験である。細菌が宿主に感染し、その栄養で繁殖する場合、繁殖力が強い利己的な個体ほど多くの子孫を残すが、あまりにも繁殖力が強いと宿主が死んで、コロニー全体が滅亡してしまう。だからほどほどに繁殖して宿主とともども生き残る利他的な細菌が生き残る、というのが新しい「集団淘汰」の理論の予測だった。

それに対して血縁淘汰理論が正しければ、繁殖力が最大の利己的な個体が勝つはずだ。これは医学的にも重要な問題なので、世界中で多くの実験がおこなわれたが、結果は一致して集団淘汰理論を支持した。最初は細菌の感染力が強まるが、宿主が死ぬと細菌も死ぬので感染力は弱まり、菌の広がる範囲が最大になるように感染力が最適化されたのだ。(8)

個々の細菌にとっては感染力を弱めて宿主を生かすことは利他的な行動だが、その結果、集団が最大化されて遺伝子の数も最大化される。同様の集団レベルの競争は、社会性昆虫のコロニーにも広く見られる。このように生物の集団は個体レベル(血縁淘汰)と集団レベル(集団淘汰)で進むというのが、「多レベル淘汰」と呼ばれる新しい進化理論である。

従来の理論では、生物は遺伝子の複製という一つの目的を最大化する機械だと考えられていたが、新しい理論では生物は個体と集団という二つのレベルの合計で適応度を最大化すると考えられている。これは生物学では論争中の問題で、集団淘汰も最終的には個体レベルの淘汰として説明できるという批判も多いが、社会的な行動を説明する上では個体と集団のレベルを区別することは重要である。

協力する猿

近代社会は個人が単位で、人々の行動も個人主義である。これを利己主義と呼んできらう人もいるが、経済学ではこれを合理主義と呼んでいる。どっちも人間の行動は肉体的な個人で完結していると考えているが、これは自明ではない。たとえばあなたが一人でパンを食べるとき、パンの材料となった小麦はアメリカから、バターはオーストラリアから輸入しているかもしれない。あなたはパンのつくり方を知る必要はないが、無数の人との分業に依存して生きているので、無人島に取り残されると餓死してしまう。

それに対してニューギニアの原住民は、無人島でも自分で道具をつくり、狩りや調理で生き延びることができる。彼らは子供のころから訓練を受け、その脳内には、道具をつくる技術（文化遺伝子）が蓄積されているからだ。つまり彼らも分業や学習によって集団で生きているのだ。(9) このように集団生活を前提とする動物は、それほど多くない。類人猿の多くは「個人主義」で、家族を超える集団をつくることは少ない。ゴリラやチンパンジーは群れをつくらず、絶えず争っている。個体が自分で戦って生きる能力をもっているので、他の個体と協力する必要がないからだ。

それに対して人類が集団で暮らすのは、哺乳類がほとんど生活できない悪条件の環境で、「協力する猿」として生き残ってきたからである。ホモ属の最初期（二〇〇万年ぐらい前）には、人類は東アフリカの乾燥地帯に住んでいたと推定される。この地域は雨が少ないので食物が見つけにくく、森林がないので敵に襲われやすい。類人猿に比べると、人間の肉体は貧弱で、一対一では勝てなかったので、身を寄せ合って生きるしかなかった。集団は人間の生存条件だったのである。

人類のもう一つの特徴は、自分より大きな動物を殺して食うことだ。動物の体の大きさは生存競争で生き残る条件であり、自分より小さな動物を殺して食うことは容易だが、その逆はまずできない。だから恐竜のように体長二〇メートルもある巨大動物が、一億六〇〇〇万年も繁栄したが、体が大きすぎて氷河期に滅亡した。

人類は霊長類の中でも体の大きなほうではなく、個体としては不利だったが、直立歩行して集団行動ができるようになり、自分より体の大きな犀や鹿などを集団でつかまえる技術を習得した。狩猟技術は遺伝的なものではないので現代人は忘れているが、霊長類の中では人類だけがもつ特技だった。

狩猟には集団行動が必要なので、われわれの先祖は数十人の集団で移動して生活していた。集団が滅びると個体も滅びるので、脳には集団を維持する感情が遺伝的に組み込まれた。

文化は遺伝しないが、文化を学習して蓄積する能力は遺伝する。そのために必要なのは、大きな脳である。霊長類も集団をつくるが、最大の集団をつくるのが人類である。集団の自然な大きさは脳の新皮質の大きさで決まり、人類の場合は一五〇人だとされている。[10] これは狩猟採集社会の話なので、現代社会にはもっと大きく複雑な集団があるが、個人が顔を覚えられるのは一五〇人ぐらいが限界だという。

人類の大きな脳は、結果的には敵と味方を識別して集団を維持する役に立った。類人猿に言語に近いものを教え込むことはできるが、彼らは互いに協力することができない。チンパンジーに原始的な言語を教えると命令は聞くが、他の個体の気持ちを推測することはできない。親と子を結びつけるのは遺伝子を共有する血縁度だから、親が子を守るために「利他的」に行動することはあるが、家族を超えて協力することはない。

それは類人猿には「心の理論」(Thery of Mind) が欠けているからだ。これは科学理論ではなく、他人の心を読んで推測する心的機能で、人間では満三歳ぐらいで発生するといわれる。これによって人間は家族を超える集団で協力できるようになった。この集団で人々を結びつけるのは血縁ではなく、利害を共有する「互酬性」である。自然な集団の大きさを超える大きな脳によって、人間は協力する集団をつくった。それが人類が八一億人にも増えた最大の原因である。

集団淘汰の法則

人間は利己的な動機と利他的な動機を遺伝的にもち、理性と感情の葛藤に引き裂かれてきた。利己的な欲望から利他的な行動を論理的に導こうとする（ゲーム理論のような）功利主義をエドワード・ウィルソンは否定し、同情、報復、名誉などの感情は利己的な目的に帰着できず、それ自体に進化的な意味があるとした。

こうした感情は利己的な欲望と同じくほとんどの動物にそなわっており、人類の場合はしばしば利己心を圧倒するぐらい強い。それが人類が激しい戦争を繰り返してきた原因である。愛国心のために命を捧げる感情は「利己的な遺伝子」の合理的戦略ではなく、集団を守るメカニズムなのだ。

言語も学習によって生まれたものだが、遺伝的にそなわっているのは言語習得能力だけで、言語は遺伝しない。言語が遺伝するなら、すべての人類が同じ言葉を話すはずだが、言語はきわめて多様で、親から教わらないと話せない。宗教も言語と同じで「同じものを信じる感情」は集団淘汰でそなわったと考えられるが、「普遍宗教」は存在しない。このような集団能力は人類が生き残る上で重要だった。それを「集団淘汰の法則」と呼ぶと、次のように要約できる。[11]

利己的な個体は利他的な個体に勝つが、利他的な集団は利己的な集団に勝つ。

集団の中では他人を裏切る利己的な個人が強いが、戦争では団結する利他的な人の多い集団が強い。人間の脳の中には個人的な欲求とともに集団的な感情が遺伝的にそなわっており、両者はトレードオフになっている。[12] 文化の進化の中では、個人とは別のレベルで継承される言語や宗教などがあるからだ。個人的な利己心と集団的な利他心のトレードオフの中で、前者を抑制し後者を強めるのが同族意識である。これは後天的な獲得形質なので遺伝することはありえないが、文化的には継承される。これをドーキンスはミーム(文化遺伝子)と呼んだ。[13]

氷河期には地表が氷河でおおわれ、乏しい食糧をめぐる争いが日常化していて、人類の人口は数千人まで減ったともいわれる。人々はつねに飢餓に直面していたので、氷河期の特徴を残すアボリジニーなどの未開社会は平等主義で、食物は平等にわけあう。この時期には集団で戦争した形跡はほとんどない。

人間と似た集団レベルの競争は、社会性昆虫のコロニーにはみられるが、類人猿は集団で戦うことはほとんどない。強い敵からは逃げればいいからだ。人間でも、狩猟採集社会には戦争の遺跡はほとんどみられないが、定住して農業をおこなうようになってから、戦争するようになった。このとき利己的な個人が戦争に参加しないと、利他的な(集団主義の)集団に征服されてしまう。霊長類の中でも、集団のために自己を犠牲にするのは人間だけである。

遺伝と文化の共進化

地球温暖化で人類が滅亡するというのは錯覚である。人類は産業革命以降の二〇〇年で爆発的に増加し、地球の人口は今世紀中に一〇〇億人に達すると予想されている。人類以外の動物は絶滅の危機に瀕しているが、人類は繁殖しすぎて困っているのだ。このように短期間に人類が繁殖した原因は、遺伝子ではない。その最大の原因は文化である。

たとえば人間の犬歯は類人猿に比べると退化し、敵をかみ殺すことができない。これは生存にとっては不利だが、道具を使って他の動物を殺すことができる人間には、類人猿のような大きな犬歯は必要ない。歴史的順序としては、今から三〇〇万年ぐらい前に人類が道具を使い始めたころ、小さな犬歯をもつ個体が出てきて、それが生存に適しているために生き残ったと推定できる。

また消化器も短くなっている。これは火を使うようになり、硬い肉を焼いて柔らかくして食うことができるようになったためだ。このように文化（料理）の発達によって体（犬歯）が退化し、肉を食いちぎる代わりに技術を学習する能力が発達したのだ。[14] 人類の消化器は、霊長類でも特徴的である。口の大きさはリスザル（体重一キログラム）ぐらいしかなく、歯も貧弱で生肉を嚙み切れない。胃の表面積は体重が同じぐらいの霊長類の1／3しかなく、大腸も六割ぐらいしかないので消化能力が劣っているが、小腸の長さは他の霊長類と同じである。

その原因は、人間が道具や火を使う技術を学んだからだ。特に火を使って大型動物の肉を焼いて柔らかくできたので、歯は退化し、胃や大腸は小さくなったが、栄養分を吸収する小腸の機能は柔らかくなっても同じなので、短くならなかった。このような「文化の遺伝」は他の動物にはみられない特徴である。人間が道具を使うようになったのは三〇〇万年ぐらい前といわれるので、そのころから技術が人体の形を変えたと考えられる。

これは遺伝的な進化と似ているが、メカニズムはまったく違う。ＤＮＡのゲノムは固定されたハードウェアだから、突然変異はランダムであり、環境が変化したとき、それに適応できない個体が淘汰されるという形でしか遺伝的な進化は起こらない。これには長い時間がかかり、急激な環境変化があると種が絶滅してしまう。それに対して人類は大きな脳が発達し、文化や言語を長期記憶にソフトウェアとして記憶できる。

文化は肉体より変化の幅が広く、突然変異とは違って目的をもつので、進化はランダムではない。たとえば人間の手で動物を殺すことはできないが、石器を使えば可能になる。このような技術は子供に教えることができるので、文化的進化は蓄積できる。このように文化の進化は目的をもつため、スピードは遺伝子よりはるかに速い。これが人類が短期間に驚異的に繁殖した最大の原因である。

文化が遺伝形質に影響を及ぼすこともある。たとえば乳糖を消化するラクターゼという酵素は、人間の幼児にはあるが、成長するとなくなるので、大人は母乳を消化できない。ところが牧畜が発達すると、大人になってもラクターゼを分泌して乳製品を消化できるようになった。これは牧畜という文化が消化酵素（の効果の延長）という遺伝的な変異を起こしたものと考えられている。遺伝と文化は共進化するのだ。[15]

人間の脳は生まれたあと容積が三倍になるので、ニューロンやシナプスは母親との対話や教育で形成される。たとえば先進国で文字の読める人は、左脳が発達する代わりに顔認識の能力が低下している。これは脳全体でおこなう画像処理のうち、左脳の部分が文字に使われ、右脳だけで顔を認識するようになったためと考えられている。その代わり左脳の側頭葉と後頭葉に「レターボックス」と呼ばれる文字処理専用の部位ができ、話し言葉と連携する。遺伝的にほぼ同一の人種でも、育った環境が違うとレターボックスの発達に大きな差が生じる。これも遺伝と文化の共進化である。[16]

大きな脳が「共同主観性」を生んだ

脳は急速な進化をとげたが、これは遺伝的な突然変異によるものではない。ユヴァル・ノア・ハラリの『サピエンス全史』は、七万年前に人類に「認知革命」という突然変異が起こり、人間は言語によって「まったく存在しないものについての情報を伝達する能力」を獲得したというが、この仮説は人類学では否定されている。[17] 一回の突然変異で生物の適応度が上がることはありえない。

人類が協力して集団を形成する能力は突如できたものではなく、脳は二〇〇万年前から徐々に大きくなった。進化は保守的なので、ほとんどの突然変異は淘汰され、普通は特定の器官が一方的に巨大になる進化は起こらない。ところが動物の脳の大きさは過去四億年で一〇〇倍になり、しかも脳の大きい動物ほど繁殖している。そこには脳を一方的に大きくするフィードバック・ループがあった。[18]

脳の巨大化に目的はなかったが、結果的には長期記憶の容量が大きくなり、文化を共有できるようになった。類人猿は他の個体に命令できるが、協力できないので巣がつくれない。社会性昆虫は協力できるが、遺伝的に固定された作業しかできない。それに対して人類は大きな脳で文化を共有し、協力して新しい環境に適応できるようになった。脳が大きくなると他の個体の行動をまねやすくなり、成功した行動をまねる個体が増えて脳の大きい個体が繁殖する、というループで脳が大きくなったと考えられる。[19]

脳の大きさと推論・計画・学習などの「一般知能因子」には相関があり、これは集団の大きさとも相関がある。脳が大きいほど知能が高く、大きな集団で行動できるため、集団淘汰の中で生き残りやすくなる。とりわけ人間の脳は一・五キログラムもあって霊長類では最大で、集団の大きさも一五〇人と最大である。その原因は、脳の主要な機能が社会的学習にあるからだと考えられる。

言語は脳の「共同主観性」によって生まれたものだとハラリはいうが、これは廣松渉の言葉である。[20] 複数の人が意味を共有しないとコミュニケーションはできないので、言語は最初から共同主観的なシステムである。人類のもう一つの特徴は、外界を物体と見る能力である。昆虫の外界に対する感覚では光が連続的に分布しているが、人類は解像度の高い目で周囲の環境を「不連続な物体の集まり」として知覚する。廣松の言葉でいうと、世界を「物象化」して見て現実を認識できるようになったのだ。

人間の赤ん坊の頭は産道より大きく、狭い産道を通ってくるため、頭蓋骨は十分癒合していない。これは他の霊長類にない特徴で、脳容積の拡大は二〇万年ぐらい前に止まったが、その後も脳の記憶容量は増え、大脳皮質のしわが増え、シナプスの密度が高まった。新生児の脳は、生後一年で三倍になる。このような遺伝的変化は、文化的に学習すべき知識が増え、それを記憶できない個体が淘汰されたためと考えることができる。[21]

共進化の中で決定的な役割を果たしたのが言語である。それは人類が最初から使っていたものではなく、たかだか一〇万年ぐらい前の新しい発明だが、それによって他人の行動の模倣が正確かつ詳細になり、文化の蓄積が急速に進んだ。さらに文字による記録で文明が生まれ、文字のない社会との格差が拡大した。

言語は脳の発達にも影響を及ぼし、言葉を話せない人間は生き残れなかった。発話や聞き取りの能力は、すべての人種に共通である。日本語のように音韻構造が単純だと、日本人には複雑な言語が聞き取りにくいが、これは文化的なものだ。海外で生まれた日本人の子供は、自由に現地の言葉を話せる。言語が遺伝するわけではないが、発話能力は文化と遺伝の共進化で淘汰されたと考えられる。

協力による集団行動は、初期の人類が東アフリカの乾燥地帯の苛酷な環境で生活し、個体では生存が困難だったためと考えられている。(22) 人類は生存技術を文化として外部化して伝達することによって生き残った。個体としては貧弱な人間は、襲撃してくる敵に対しては集団で戦い、獲物を集団で捕獲し、人間どうしの戦争では集団の結束を守る感情が重要な武器になった。その信じる対象は文化圏によってさまざまだが、他人を信じて集団で行動する共同主観性はすべての人類に共通である。

利己主義は合理的ではない

経済学では利己的な行動だけが普遍的で、道徳はそれぞれの社会に特殊だと考えているが、強欲を憎む感情も自己犠牲を好む感情も世界共通である。市場や議会政治を動かすのが理性ではなく、大衆の感情という事実も普遍的なので、そういう感情がどのように生まれるのかを解明する多くの実験が、行動経済学でおこなわれている。

たとえばAが一〇〇枚のドル紙幣を二分割する提案をし、Bがその提案を拒否したらゲームがキャンセルされて両方ともゼロになる「最後通牒ゲーム」では、次のどっちも均衡状態（ナッシュ均衡）になる。

- Aが五〇ドル取り、Bも五〇ドル受け取る
- Aが九九ドル取り、Bは一ドル受け取る

Aが五〇ドル取ったら、Bは残りの五〇ドルを受け取るが、Aが九九ドル取った場合は、Bが一ドルの受け取りを拒否するとゲームがパーになり、二人ともゼロになる。だからAにとって合理的なのは、九九ドル取ってBに一ドル与える提案である。Bが合理的なら、提案を拒否すると受け取れるのはゼロだが、受け入れれば一ドルもらえるので、受け取るはずだから、Aはそれを予想して九九ドル取ることが合理的である。

このゲームで人々がこのどっちを選ぶかを先進国や未開社会で実験すると、世界中どこでもAが九九ドル取る行動は見られない。そんな提案をしたら、Bが頭に来て拒否するからだ。例外は相手の気持ちがわからない発達障害の患者と、経済学部の学生だった。経済学の想定するように自分の所得だけを利己的に最大化する「自己愛」仮説は、いかなる社会でも棄却されるのだ。[23]

普遍的な行動仮説と考えられるのは、条件つきで他人と協力し、ルールに違反した者は（個人的コストが高くても）処罰する「強い互酬性」である。これは進化論的には合理的で、どんな未開社会でもみられるが、その強さ（何ドル提案するか）は社会によって違い、一つの社会の中では似ている。

基本的な道徳感情（やられたらやり返す）は同じだが、それがどう行動に現れるかは文化や習慣によって決まる。社会秩序を支えているのは経済学の考えているように欲望のままに生きる人ではなく、利己的な行動を互いに抑制するモラルだから、強すぎるインセンティブは合理的ではない。集団淘汰の法則によれば、利己的な個人は利他的な個人に勝つが、利己的な集団は利他的な集団に敗れるので、利己主義を抑制する感情は遺伝的に備わっていると思われる。経済学の想定しているようなエゴイストだけからなる集団は、戦争に敗れて淘汰されてしまうのだ。

偏狭な利他主義

利己的な個人と利他的な集団のトレードオフは生物に普遍的だが、人間は集団でしか生きられないので、これは深刻な問題である。人間は集団で狩猟や採集をおこない、その成果を集団で分配して生き残ったので、他人と協力することが生存の条件なのだ。だから道徳や宗教は人間の生存条件である。個人がそれぞれ利己的に生きるなら道徳は必要ないが、人類は今ごろ生存していないだろう。

相互依存して生きる集団を維持する利他的な感情が道徳であり、この点で人間に似ているのはイルカだ、とアラスデア・マッキンタイアはいう。[24] イルカの知能は類人猿と同じぐらい高いので、遊園地でも人間が芸を教えて見せる動物はイルカである。イルカは集団で協力して魚を追い込む。互いに魚群の位置を教え合い、別々の魚群を見つけた場合には、一方のイルカが他のイルカに協力する。ばらばらに魚群を追いかけても成果が上がらないからだ。その位置を他の個体に知らせる声を出すが、これはかなり複雑なものであることがわかってきた。

イルカは訓練すると、人間の声をまねることもでき、一定の順序で声を出す文法を身につけることもできる。これはイルカの脳が人間と似た言語能力をもっていることを示すが、進化の系統樹の中で人間とイルカがまったく異なる位置にいることを考えると驚くべき事実で、多くの異なる動物で目が進化したのと似ている。生物が集団で生存する上では、コミュニケーションが不可欠の能力であることを示している。道徳とは目的の共有だが、イルカはその意味での道徳感情をもっているのだ。

このような道徳は人間に固有のものではなく、言葉によって初めて生まれたものでもない。言葉はたかだか一〇万年前にできたものだが、人類はそのはるかに前から集団で生活してきたので、道徳はもっと前から遺伝的にそなわっている感情である。それは少人数の顔見知りの結束を維持するしくみなので、大きな集団を維持するには適していない。コンピュータの言葉でいうと、スケーラブルではないのだ。

互いの顔を知らない集団では、誰とも無条件に協力する単純な利他主義は、利己主義に裏切られる。このような状況では、無条件に他人と協力するのではなく、相手が敵か味方かを識別する「合言葉」が必要になる。たとえば未知の相手と出会ったら「山」と言って、「川」と答えた相手とだけ協力し、それ以外の相手とは戦う。このような差別的協調戦略を「偏狭な利他主義」と呼ぶ。このような戦略が有利になることは、人類学の調査でも確認されている。[25] 日本人の「赤の他人は疑うが身内は信用する」という行動様式はこれで説明できるが、このシステムもスケーラブルではない。

社会が拡大するにつれて人の流動性が増え、戦争で村が崩壊すると、集団の中で裏切って他の集団に移動する「寛容な利己主義」が有利になる。利己的な個人は利他的な個人を食い物にするので、集団の平和を守るには、メンバーを村に閉じ込め、他人を裏切ったら「村八分」にして排除する。村を追われた者の情報は他の村にも共有されるので、裏切り者はどこの村にも住めなくなる。このような「コミュニティ責任システム」は現在でも、ノーベル平和賞を受賞したグラミン銀行のように発展途上国の金融には広くみられる。[26]

人間の知的活動の中で、理性の存在理由は自明にみえる。われわれは子供のころから学校で算数を教わって論理的に考える訓練をし、そういうテストに勝ち残った者がエリートになる。それに対して、感情の存在理由はよくわからない。それは問題の合理的な解決をさまたげ、争いの原因になる。学校でも「感情的に行動してはいけない」と教えるが、そんな無駄な機能が激しい生存競争の中で残ったとは考えにくい。

論理的思考力は生存の役に立つのだろうか。一万年前のホモ・サピエンスの脳は遺伝的には今とほぼ同じなので、石器時代人が現代の教育を受けたらコンピュータのコーディングもできたはずだが、そういう能力は石器時代には何の役にも立たなかった。むしろ不思議なのは、この大きな脳で膨大なエネルギーを消費しておこなう「遅い思考」が、人類の生存にどんな役に立ったのかということなのだ。

脳は「空気」を読むためにできた

霊長類の中で群を抜いて大きいホモ・サピエンスの脳のエネルギーの大部分は「古い脳」に使われ

ているが、その機能は自明ではない。たとえばコウモリが超音波で通信する特殊な能力をもっているのは暗い洞窟で生活するためだが、人間の大きな脳にはそういう合目的性がない。人間の肉体は貧弱なので、集団で移動して身を守らなければならない。集団には規模の経済があるので、大きければ大きいほど有利になる。コウモリが洞窟というニッチで生き残ったように、人類は「弱い個体が集団で移動する」というニッチで生き残ったのだ。

この集団は類人猿では家族だが、人間は大きな脳で血縁を超える部族（バンド）のメンバーを記憶する。しかし集団が大きくなって顔を覚えられなくなると、裏切り者が出てきて紛争が起こる。初期の人類のように乾燥地帯で移動する場合には、森林に隠れることができないので、敵を早く察知して逃げ、味方とはぐれないようにつねに感覚をとぎすませていなければならない。この集団を維持するのが感情的な「速い思考」である。

目は多くの動物にあるが、人間の視覚は情報量が飛び抜けて多く、わずかな動きを察知できる。これは変化の多い環境の中で、つねに周囲を見て敵と味方を判別す必要があったためだと思われる。また移動して生活していたため、つねに仲間をさがしてコミュニケーションする。現代人がいつもスマートフォンを見ていないと落ち着かないのも、移動生活に適応する遺伝的な感情だろう。また一ヶ所にじっとしていると退屈し、狭いところに監禁されることを恐れる。これはつねに移動する生活に人間の脳と肉体が最適化しているためで、自由を求める欲望は人間のもっとも根本的な感情である。

言葉はそういうコミュニケーションを実現する上で大きな役割を果したが、言葉がないと協力できないわけではない。蜂や蟻などの社会性昆虫は、協力するメカニズムを遺伝的にそなえている。蜂の巣や蟻のコロニーには設計図がないが、あたかも誰かが図面を描いたかのように精密にできる。このように他の個体と協力する行動をエドワード・ウィルソンは「真社会性」(eusociality)と呼んだ。[1]これは蟻や蜂のように社会的分業をおこなう能力で、二〇種類の動物で発見されているが、霊長類の中では人間にしかない。

一つの目的を共有するには、全員が同じことを信じないといけない。食欲や性欲はチンパンジーにもあるが、同じものを信じる感情は人間にしかない。これは狭い意味での宗教だけでなく、他人と同調する集団的な感情であり、日本人には「場の空気」といったほうがわかりやすいだろう。大戦末期に戦艦大和の特攻出撃を命じた軍令部次長の小沢治三郎中将が、戦後になっても「全般の空気よりして、当時も今日も特攻出撃は当然と思う」とのべたエピソードは有名である。[2]

こうした問題は、最近は脳科学でも解明されるようになった。「アスペルガー症候群」は、広い意味では自閉症に含まれる人間関係の疾患で、「空気の読めない」病である。その原因は、前頭葉や扁桃体などの「社会脳」の機能が低下していることにあると考えられている。これは人間関係には支障をきたすが、集中力が強いので、共同作業する必要のない芸術家や科学者にはアスペルガーが多い。ゴッホ、メルヴィル、スウィフト、アインシュタイン、チューリング、ジョイス、ヴィトゲンシュタインにはそういう傾向があったと推定されている。[3]

ビル・ゲイツやスティーブ・ジョブズもアスペルガーとして有名である。世の中の空気を読まないで自分の思い込みを押し通すKYからしか、イノベーションは生まれない。逆に日本人は、長い平和の中で同調圧力の強い「閉じた社会」に順応できる人が生き残ったため、人間関係に気を使って空気を読む「逆アスペルガー症候群」の人が多い。これを山本七平は日本人の特徴だと考えたが、同調は脳の本質的な機能なので普遍的な現象である。デイヴィッド・リースマンも指摘したように、伝統的な価値観の弱まった大衆社会では、強い指導者に同調する「他人指向」が強まる。(4)

理性は感情の奴隷

このような感情の役割を、デイヴィッド・ヒュームは「理性は感情の奴隷である」と述べた。これは理性より感情を重視する非合理主義と誤解されているが、彼はこう説明している。

ある対象に向かって愛着または嫌悪が生じるのは、快あるいは苦の予期からである。もしそういう原因や結果がどうでもよいものであれば、それがわれわれの関心を引くことはありえない。[中略]理性はこの[原因と結果の]結合を見出すだけだから、対象がわれわれの心を動かしうるのは理性によってではありえないことは明らかである。(5)

理性は与えられた問題の原因と結果を明らかにするだけで、その問題を選ぶかどうかを決めるのは感情である。つまり人間の直面する無限に多くの問題の中から、感情によってアジェンダが設定されて初めて論理的推論が機能するのだから、前者は後者の必要条件なのだ。脳の大部分は、他人が自分の敵か味方かを識別し、味方と仲よくして敵を排除する機能に使われている。人間が他人を見たとき、まずその顔を記憶と照合して知人かどうかを確認する。この「顔認識」の力をになう部分は、左右の大脳半球の下側の大きな体積を占める。

そして仲間の「空気」を読んで同調し、協力して作業することが人間の特徴だ。これは単純な血縁淘汰では説明できず、血縁のない個体とも協力するしくみが信仰である。何かを信じる機能は満三歳にならないとみられず、自閉症の患者には欠けている。言葉の発音とその意味の間には必然的な関係はないが、その意味をいちいち合理的に決めていてはコミュニケーションは成り立たないので、暗黙知を共有する能力が円滑な人間関係の条件だ。特に紛争を解決するためにはモラルの共有が必要である。

そういう感情の役割を示すのが、アントニオ・ダマシオの有名な症例である。[6] ある建設労働者が事故で脳を鉄骨が貫通したが、彼は奇蹟的に一命を取り留めた。意識もあったが、人格が一変した。仕事のやり方は覚えているのだが、最後までやり遂げられない。気まぐれなのに頑固で、あたりかまわず喧嘩を売るため、どこの職場にもいられなくなった。歩行や食事などの動作は普通にできるのでホームレスのような生活を続け、三八歳で発作を起こして死亡した。

彼の脳を分析した結果わかったのは、前頭葉が大きく損傷して感情のバランスを取る機能が失われたことだった。つまり感情はいろいろな感覚や行動を統合し、人間関係を調節する役割をもっているのだ。感情を理性の派生物と考えるデカルト的な合理主義とは逆に、感情による人格の統一が合理的な判断に先立つのだ。

この感情（feeling）は、個々の刺激によって生まれる感覚的な情動（emotion）とは違い、いろいろな感覚を統合して「赤ん坊はかわいい」とか「蛇はこわい」といったフレームをつくる。刺激を個別に判断するのではなく、それを類型化して即応できるようになるのだ。こうした感情は身体と結びついて反射的な行動を呼び起こす。

こうした感情としてもっとも強いのは恐怖である。敵から逃げる反射的な行動が、生存競争では重要である。未知の動物が近寄ってきたとき「これは敵か味方か」と考えていると捕食されるので、瞬時に逃げる。このような「速い思考」は生存に不可欠なので、すべての人が遺伝的に身につけている。それは進化の初期の段階にできた大脳皮質の「古い脳」にあるとされている。

感情は、人間の生存に必要なものだ。脳はきわめて非効率的にできているので、その重さは体重の二%程度だが、基礎代謝の二〇%も消費する。このため、脳はなるべく直感的な「システム1」の速い思考で情報を処理し、コストのかかる「システム2」の負担を小さくしようとするのだ。(7)

システム1が暗黙知すなわち文化遺伝子だが、システム2との境界は明確ではない。それは器質的にわかれているわけではなく、脳の機能の分類である。たとえば自転車に乗るとき、最初は意識してハンドル操作をするが、慣れると意識しなくてもバランスが取れるようになる。この遅い思考は自転車を運転する経験からできたものだが、それが「古い脳」に蓄積されると、意識を介さないで反射的にはたらくようになる。

システム1の下には、感覚入力を処理する「知覚」がある。脳のエネルギー消費の八〇%は、システム1以下の層でおこなわれると推定されている。「古い脳」の機能は「新しい脳」を制約するので、意識的な行動をミスリードすることがある。それがダニエル・カーネマンのいうバイアスだが、これは不合理な行動ではなく、むしろ脳のエネルギー消費としては合理的に(システム2の処理を省略して)

速く処理する機能なのだ。

理性は人間の本質ではない

ルネ・デカルトは「理性はすべての人に公平に与えられている」といい、「デカルト派言語学」をとなえたノーム・チョムスキーは言語が人間の本質的な能力だと考えた。(8) しかし最近の研究では、言語が発生したのは、いくらさかのぼっても一〇万年前で、ホモ・サピエンスの三〇万年の歴史の中でもかなり最近のものとされている。脳の中でも言語の機能は他の機能とほとんど分化しておらず、言語中枢と呼ばれる部位はブローカ野やウェルニッケ野など複数の領域に分散しており、言語だけではなく、いろいろな音声や映像の処理をしている。

チョムスキーはすべての人間に共通の遺伝的な「普遍文法」があると考え、ツリー状に文を生成する「生成文法」を提案した。(9) 彼は言語学を応用数学の一種と考え、言語生成のアルゴリズムを完成させることを目標とした。これは数学的に表現できるので、英語の文法を生成文法で書き直してコンピュータに実装すれば、言語を理解する人工知能も容易にできると思われた。生成文法の黄金時代は、未来のコンピュータとして「人工知能」が期待された一九八〇年代と重なる。日本の「第五世代コンピュータ」プロジェクトでも、日本語を論理的に理解するために生成文法の一種を組み込んだ文法解析機をつくることが最大の目標だった。

しかし人工知能は挫折した。言語を論理で表現すると例外処理が膨大になり、入力するデータが出力よりはるかに大きくなるからだ。すべての言語に共通の普遍文法を突き詰めてゆくと、ほとんど共通点がないこともわかった。現在チョムスキーの提唱している「ミニマリスト理論」は、初期の生成文法とは逆に「深層構造」を否定し、文を入れ子状にして複文をつくる「再帰性」だけを普遍文法と想定する理論で、中身がほとんどないのでアルゴリズムとしても実装できない。[10]

人工知能の挫折が示したのは、人間の知能はフォン・ノイマン型アルゴリズムには帰着できない。いいかえると理性（新しい脳）の機能は言語の本質ではない、という否定的な証明だった。この挫折には意味があり、いま流行している「生成ＡＩ」は人工知能とはまったく別の「機械学習」である。これは言語をアルゴリズムに帰着するのではなく、要求に応じてインターネットのデータを検索して文章を自動的につくる「大規模言語モデル」である。知能というべきものは備えていないが、深層学習と呼ばれるしくみは子供が母親の言葉を盲目的に反復しながら覚えてゆく過程に似ている。[11]

文法は遺伝しないが、犬や猫が言葉を話すことはできないので、人間が言葉を習得して話す能力が遺伝的なものであることは明らかだ。チンパンジーは人間に近い声を発するが、いくら訓練しても文法的な言葉は話せない。言葉を話す能力は、地球上のすべての人類（ホモ・サピエンス）がもっているが、文法や語彙には共通点がない。もし言語が遺伝するなら、全人類に共通の言語の特徴があるはずだ。

たとえば蜜蜂は「８の字ダンス」と呼ばれる複雑な行動で、他の蜂に花の位置を知らせる「普遍文法」をもっているが、[12]人間の言語は遺伝的に決定されていない。地球上の七〇〇〇種類以上の言語は、発音も語彙も文法もまったく違う。日本語は主語が曖昧だといわれるが、主語がつねに出てくるのは中世以降のヨーロッパ語だけである。チョムスキーが普遍文法の特徴とした再帰性もインド＝ヨーロッパ語族に固有の特徴で、そもそも文法という概念が他の文化圏にはない。[13]

しかし人間と社会性昆虫の共通点は、協力という同じ目的をもっていることだ。蜂はダンスで巣をつくる場所も提案するが、他の蜂が協力しないと巣はつくれない。このような集団行動は、類人猿にはみられない。彼らは巣をつくらないので、他の個体と協力する必要がないからだ。人間の言語は類人猿よりも蜜蜂のダンスに似ており、相手と協力するための合図である。

人間が複雑な分節言語を話せるようになったのは、おそらく直立歩行で顎の動きが自由になったことによる偶然で、最初は身振りと一緒に声を出したものと思われる。[14] それは生存競争でも有利にはならなかった。言語による共同作業が大きな意味をもつようになったのは、新石器時代に道具が発達してからである。それは進化の新しい時期に偶然、獲得した技術だが、その習得能力で個人の生存が左右されるようになった。現代社会のエリートは言語習得と使用に特化した肉体の貧弱な個体であり、石器時代には最初に淘汰されただろう。

論理は言語から派生したもので、人類の生存に必要ではない。文字を使って記録するようになったのは中国が最初だが、文字はながく一部の特権階級だけのものだった。それが多くの人に共有されて識字率が上がったのは、印刷術が普及した一五〇〇年ごろのヨーロッパに始まる現象である。[15]

論理的思考力や文字を扱う技術は人類の歴史のほとんどでは無意味だったが、近代社会では技術者やホワイトカラーが高い所得を得るようになった。そこから理性が人間の本質だという錯覚が生まれ、学校教育が生まれたが、その時代も遠からず終わるだろう。システム2の「遅い思考」は、人間よりコンピュータのほうがはるかに得意だからである。

言語を生んだ「自己家畜化」

言葉はどこから生まれたのだろうか。海を見たことのなかった人が初めて海を見て、思わず「う……」と発声したことが海の語源となった、と吉本隆明は書いたが[16]、それでは言葉は生まれない。「う」という言葉が意味をもつには他人がその意味を知っている必要があるが、その意味は誰が教えるのか、という鶏と卵のような関係になってしまう。

フェルディナン・ド・ソシュールは「言語が思考をつくる」と考えたが、これは逆である。類人猿でも「う」という声を出すことはあるだろうが、その意味は他の猿にはわからない。意味を共有して協力する能力がないからだ。このため類人猿をいくら訓練しても、人間のような複雑な言語を使うことはできない[17]。それに関連する遺伝子も、最近は特定の塩基配列と関連があることがわかっている[18]。

二〇〇万年ぐらい前に石器を使って大型動物の狩猟を始めたとき、人類は言葉を使えなかったが、叫び声で共同作業はできただろう（現代でもそういう狩猟民族がいる）。叫び声を発する類人猿はいるが、文を組み立てることはできない。言葉を使うのはコストのかかる「遅い思考」だから、訓練なしで身につけることはできない。言語を生み出したのは他の個体と意味を共有する共同主観性であり、それを生んだのは互いに協力する「自己家畜化」（self-domestication）である。

すべての動物は自分や家族を守る本能をもっているので、強い相手からは逃げ、弱い相手とは戦う二択だ。狼は互いに攻撃するので、集団行動はできないが、ごくまれに人間を攻撃しない狼が生まれ、それが犬の祖先となった。これは人間が飼い慣らしたのではなく、氷河期に狼から突然変異で分化したものと思われる[19]。狼が家畜化して犬になったのは、そのほうが（地球上で圧倒的な地位を占める）人間と共存でき、生存競争で有利だったからだ。狼は狩猟で絶滅に瀕しているが、犬は家畜になって繁殖した。

このような進化は意外に速く起こり、狼の中で家畜的な個体だけを選んで交配すると、数世代で家畜的な個体だけが残る。これは農業や畜産の「品種改良」と同じである。ランダムな突然変異の中で環境に適した遺伝形質が生き残る過程は数万年かかるが、寒さに強いイネという目的が決まっていると、数世代でそういうイネを選んで品種改良できる。人間と協力するという目的が決まっていると、人間がそういう性格の個体を選んで交配するので、急速に進化が起こるのだ。

人間も同じである。家畜のように友好的な人が集まると共同作業が容易になり、それによって文化が蓄積されて生活水準が上がり、それによって家畜的な人が子孫を残しやすくなる、というフィードバックが働き、数万年の間に人類は急速に自己家畜化した。自己家畜化に関連する遺伝子があることも、最近わかってきた。[20]

ホモ・サピエンスがネアンデルタール人との競争に勝った原因も、自己家畜化だと考えられている。[21]脳の大きさやニューロンの密度などの個体としての機能をみると両者はあまり変わらないが、ネアンデルタール人には、住居などの集団生活の痕跡が見当たらない。言葉を話す身体的な能力はもっていたと思われるが、集団行動ができなかったので、ホモ・サピエンスとの戦いで勝てなかったのだろう。

それに対してホモ・サピエンスの集団の中では自己家畜化した個体が繁殖し、結束の強い集団が生き残った。このような文化的進化は、それほど長い時間を必要としない。他人と協力するという目的が決まっていれば、数十年で協力的な集団が生き残る。特に戦争は強力な淘汰圧になるので、自己家畜化できない集団は淘汰される。社会生活を通じて、人類は自分を品種改良してきたのだ。

新しい社会ダーウィニズム

社会ダーウィニズムという言葉は、現代ではタブーに近い。それはチャールズ・ダーウィンの進化論を社会に適用し、国家が生き残るためには弱者を淘汰すべきだという優生学の思想と考えられている。優生学は、アドルフ・ヒトラーが「アーリア人」と「ユダヤ人」という図式に単純化して大量虐殺したため、戦後は抹殺されたが、社会に進化の原理が働くという考え方が否定されたわけではない。

優生学は個人の能力がどこまで遺伝によるものかを検証する学問で、マックス・ウェーバーも研究していた。ジョン・メイナード・ケインズはイギリス優生学協会の会長だった。それは極右の思想ではなく、むしろフェビアン協会などの社会民主主義者が支持していた。誤解を恐れずにいえば、人類は優生学的な品種改良によって集団を維持してきたのだ。他人と喧嘩ばかりする人は子孫を残せず、他人と愛し合う人が結婚し、子孫を残す。

ウィルソンの『社会生物学』は進化論的な立場から社会を論じた大著だが、アメリカでは人種差別を肯定する思想として攻撃され、最近は「進化心理学」と呼ばれている。ここで遺伝するのは文化そのものではなく、それを受け継ぐ記憶力や家畜的な性格だが、そういう共進化があることも、最近ようやく認められている。

利他的な感情と利己的な感情の強さには遺伝的な違いがある。他の人にまったく協力しない利己的な人は集団で生活できないので、一人で生活すると他の動物に捕食されてしまう。逆に自分の利益をまったく考えない利他的な人も、他人に利用されて淘汰され、そういう遺伝子は現代に残っていない。つねに移動する狩猟採集社会では、それほど他人と協力する必要がないが、農耕社会では他人と協力しないと農作業はできない。したがって農耕の始まった時期（紀元前一万年ごろ）以降は、家畜的な個体が有利になったと思われる。近代社会が機能しているのも、集団を守る法秩序が確立しているからだが、すべての行動が法的な処罰を受けるわけではない。ほとんどのルール違反は、個人のモラルや習慣で抑止されている。たとえば他人のものを盗むことは、個人がその行動で失うものがないという意味で合理的だが、人々がみんな他人のものを盗むと社会は大混乱になる。したがって他人のものを盗まないという「自然な利他性」は文化の違いを超えてみられる。

人体は、脳や中枢神経だけがコントロールする中央集権システムではない。癌細胞を殺すのは脳とは無関係な免疫機構であり、それもつねに癌細胞との戦いで組み替えられている。人体の内部でも集団淘汰が起こっているのだ。同じように集団の中で個人も淘汰され、国家の中では集団が淘汰される。このような多レベルの集団淘汰という考え方は、社会にも応用できる。(22)

どんなレベルでも集団淘汰の鉄則は、集団が個に優先する「トップダウン」である。あるレベルの集団には固有の目的があり、そのサブシステムがばらばらに利益を追求すると崩壊する。癌細胞が自由に増殖する生物が生存できないように、「万人の万人に対する戦い」が起こると、社会は崩壊する。それを防ぐことが至上命令であり、それ以外の問題は集団の維持に従属する。

では集団の利益は、どうやって守られるのだろうか。経済に「見えざる手」があるというアダム・スミスの発想のモデルは、同時代のアイザック・ニュートンの平衡（経済学の均衡）の概念だった。

物体が自由に運動した結果が同じ秩序に収斂するニュートン力学は、超越的な目的をもつ神学的な体系だが、進化に神は存在しない。それはランダムな突然変異の積み重ねだから、遺伝子レベルで新しい生物が生まれるには長い時間がかかる。

それに対して人類の進化は、地球の歴史上かつてない急速なものだった。その原因は文化の進化が方向のない突然変異ではなく、目的をもつ進化だったからだ。文化は集団で共有され、それに適応できない人を集団から排除して、人は急速に家畜化したのだ。

閉じた社会とチキンゲーム

協力は普遍的な行動ではなく、霊長類のほとんどにはみられない。それが人類でどのように発生したかを考える思考実験として使われるのが「チキンゲーム」である。これは道路の両側から自動車で走り、よけた側が負けてチキン（弱虫）と呼ばれるゲームで、図1のようにAが攻撃してBが譲歩すると、Aの利益は1（右上）になるが、逆の場合は-1（左下）になるとしよう（ゲームは対称でAの利得だけを書く）。両方が攻撃して衝突する場合（左上）が両方とも-2で最悪だが、どちらも譲歩する場合（右下）は何も得られない。それを避けるにはどちらかが攻撃して他方が譲歩する、つまり右上と左下の状態が安定している（ナッシュ均衡となる）。

このような状況は類人猿でも観察され、ほとんどの類人猿の集団では、どちらかの猿が他方を支配する序列ができる。Aが右上の攻撃的なポジションをとると、Bは争わないで譲歩するのだ。このポジションは母系集団では生まれたとき決まり、ニホンザルの猿山のような序列ができるが、チンパン

		B	
		攻撃	譲歩
A	攻撃	-2	1
	譲歩	-1	0

図1　チキンゲーム

ジーのような非母系集団では序列が安定しないため、互いにマウンティングしようとして争いが起こりやすい。

それを避けるため、序列を固定する遺伝的なしくみができた。これを伊谷純一郎は「規矩《きく》」と呼んだ。その端的なあらわれが目である。チンパンジーには白目がなく、対面すると優位な猿は相手をにらみつけ、劣位の猿は顔をそむける。類人猿の脳には生まれたときこの序列が刷り込まれるので、顔を向けてにらみつけることが優位を示す。ところが人間の目は白目がはっきりしていて、顔を向けなくても視線がわかる。それは人間の序列が固定されていないためだ[23]。

チンパンジーのように相手をにらみつける行動は、その規矩が共有されている小さな集団の中では有効だが、他の集団と混じると、どちらが優位かわからないので争いが起こる。このような争いを避けるために、チンパンジーは他の猿の背中の害虫をとる毛づくろいで仲間を確認する。これは二〇匹ぐらいが限度だが、人間は言葉で味方を確認するので、大きな集団をつくりやすい。猿のような固定的な序列がなく、だれがボスになるかは人間関係の中で決まるので、言葉で愛情や敵意を見せる。

チキンゲームでは、平和的な猿の群れの中に凶暴な猿が入ると、平和的な猿をすべて食い殺してしまうが、凶暴な猿だけになると互いに殺し合うので、大きな集団ができない。凶暴なチンパンジーは、ほとんど集団をつくらない。ネアンデルタール人は一対一だと強かったが、互いに攻撃するので、集団の規模は三〇人以下だった。それに対して自己家畜化したホモ・サピエンスは一五〇人ぐらいの集団をつくることができたので、集団の戦争になるとネアンデルタール人より強かった。

しかし平和が長く続くと利他的な人間ばかりになり、その中に凶暴なオスが出現すると、他の人間を攻撃し、食物やメスを奪う。これを放置すると共同体が崩壊するので、強者を定期的に殺すしくみが「王殺し」だったというのがランガムの説である。(24) 未開社会には、共同体のメンバーが王を殺す風習が広くみられる。それは暴君とは限らず、ある王の政権が長く続くと、不満分子が集まって王を拘束して処刑する。これはのちにみる江戸時代の主君押込の慣習に似ており、定住社会のストレス解消だったのかもしれない。

II

国家に抗する社会

リスクを恐れ、争いをきらう日本人の心理の根底には、これまでにみたような遺伝的メカニズムがあるが、それを超えて日本人固有の特徴があるように思われる。これを丸山眞男は「古層」と呼び、その手がかりを『古事記』に求めたが、[1]一万年前からの縄文時代以降の日本の歴史の中では『古事記』は古層とはいえない。それが編纂されたのは七一二年であり、漢字で書かれていることからも明らかなように日本固有の伝承ではない。

日本人の「最古層」をさぐるには、文字が生まれる前にさかのぼる必要がある。それは丸山の時代には不可能だったが、最近の考古学では放射性同位元素（炭素14）で、遺跡や出土品の年代測定が厳密にできるようになり、無文字時代の歴史が大きく書き換えられている。中でも縄文時代については従来の通念をくつがえす発見がおこなわれ、日本の歴史を農民中心にみる「農本主義」には疑問が出ている。農業は日本人の最古層ではないのだ。

人類を変えた「定住革命」

人類史上最大の革命は、産業革命でも情報革命でもなく、今から一万年ぐらい前に移動生活から定住生活に移った「定住革命」だった。従来これは農耕によって食糧生産が始まった「農業革命」と考えられ、人々は農耕のために定住したと思われていたが、最近は定住が先で、農耕はそのあと始まったと考えられている。(2) その証拠が、日本の縄文時代である。

最古の縄文式土器は一万六五〇〇年前と推定されているが、土器は定住社会でないと役に立たない。その時期には、世界のどこでも農耕は始まっていなかった。日本で農耕が始まったのは、いくらさかのぼっても三〇〇〇年前の弥生時代なので、少なくとも一万年にわたって、農耕なき定住生活が続いたと推定されている。定住は広い意味での（チンパンジーとわかれた）人類の七〇〇万年の歴史の中では、ごく最近の出来事だった。氷河期が終わった一万二〇〇〇年前には、まだ大部分の人間は移動生活をしていた。人間のように体重五〇キログラムを超える動物が、定住生活するのは無理がある。食物の量が多いので取り尽くしてしまい、排泄物も多いので環境が悪化し、感染症などで滅びるからだ。人間より大きい動物で定住しているのはカバぐらいだが、排泄物は川に流して魚が食う。

多くの類人猿は木の上で生活しているが、人類は草原で生活したので、敵に見つかりやすい。敵から逃げるには俊敏に移動する必要があり、定住は危険だった。人類の最大の特技は大型哺乳類を捕獲することだったので、獲物を見つけるには移動する必要があり、家族もそれに合わせて移動した。採集生活では、食物を取り尽くしたら移動すればいいので、栽培する必要はなかった。ゴミや排泄物を捨てなくても移動すればいいので、感染症から逃れることができる。

人間の子供は、しつけないと排便できない。移動生活では排泄物を片づける必要がないためだ。排泄物の処理は類人猿にもみられないが、巣に定住するアナグマにはみられる。巣を清潔に保つため排泄は巣の外でおこない、巣の中を定期的に清掃するのだ。モグラは巣の外に便所をつくる。ところが旧石器時代の遺跡では、キャンプの中に石屑や獣骨などのゴミが見つかる。これはゴミがたまるとキャンプを放棄して移動したものと考えられる。人間は遺伝的にはゴミや排泄物を処理する本能を身につけていないのだ。

農耕なき定住社会

なぜ人類は一万年ぐらい前に、移動生活から定住生活に移行したのだろうか。人類（ホモ・サピエンス）の歴史を約三〇万年と考えると、その歴史の九五％以上は狩猟採集社会だった。しかもすべての人類が定住したわけではなく、三〇〇年ぐらい前までは世界の人口の１／３が移動民だった。今ではそういう移動民は、人類学の観察対象としてもほとんどなくなったので「移動民は飢餓線上で生きていた」とか「獲物をとるために一日中走り回っていた」という先入観があるが、これは誤りである。

狩猟でとる動物の肉に対して農業で栽培する作物の栄養価は低く、人骨の調査によれば農耕民は狩猟民より一〇センチメートルぐらい身長が低く小柄で、農耕社会では食糧が不足していたことを示している。農業の生産性が上がったのは、畑や潅漑設備が整備された後の話である。

移動社会では、子供をたくさん連れて行くことができない。移動生活では四年に一人子供が産まれたのに対して、定住生活では二年に一人つくれたので、定住生活のほうが生殖には有利だが、隣接する集団と戦争が起こりやすい。戦争には規模の経済があるので大きい集団が勝つが、集団があまり大きくなると集団の内部で紛争が起こって内部崩壊する。このため数百人のメンバーを固定して紛争を防ぎ、外敵と戦うのが定住の始まりだった、というのがロビン・ダンバーの説である。[3]
定住時代初期の住居の遺跡は、戦争で身を守る要塞のように見える。定住で新しい獲物はとりにくくなったが、漁具が発達して魚介類がとれるようになった。大型哺乳類の狩猟はリスクが大きく、数日も獲物がないと餓死してしまうが、魚介類はローリスクだった。戦争では大規模な社会のほうが有利だが、大集団の秩序を維持するには個人を集団に組み込む圧力が必要になる。
しかし移動社会の自由な生活に最適化した人間の脳は、定住社会の同調圧力にはストレスを感じる。この矛盾を解決するためにできたのが利他的な同族意識である。移動生活に適した人間が定住するストレスを解放するために、お祭りや宴会で人々は楽しむ。このとき酒を飲む習慣も古くからあり、これによって脳内にエンドルフィンが供給され、ストレスが減る。
たとえばブッシュマンの六割が食糧生産にたずさわっているが、各人は毎週八〜一〇時間ほど働き、一日暮らせる獲物がとれると仕事を終え、それを料理して食う。あとは世間話をしたり寝たりしている。つまり一日生きていけるだけの獲物をとると休み、それ以上は働かないのだ。これは毎週四〇時間労働する現代人より合理的な生活である。[4]
もちろん現代人と比べるとブッシュマンは貧しいが、それは農業生産性が上がった後のことだ。ブッシュマンの栄養状態はよく、毎日二〇〇〇キロカロリー以上の栄養を摂取していた。だから狩猟採集で食えなくなったから農耕を始めて定住したのではなく、定住の結果として農耕が始まったのだが、それは必然ではなかった。日本では、定住が始まってから農耕が始まるまで一万年かかった。

贈与というコミットメント

人類が日本列島に渡ってきた四万年ぐらい前には、日本列島は九州で大陸とつながっており、今の朝鮮半島から渡ってきた。このころはまだ氷河期であり、人々は数十人単位の部族で移動する狩猟採集社会だった。日本列島はアジアの東端で、競争相手となる大型哺乳類は少なかったが獲物も少なく、栄養の半分以上は果実で、残りは魚介類の採集だった。

大型哺乳類は氷河期には多かったが、それを捕獲するリスクは大きく、人類は絶滅に瀕していた。氷河期の終わった約一万二〇〇〇年前以降（完新世）にはサバンナで独自のニッチを見出し、狩猟と採集で生活できるようになったが、家族を超える数百人規模の部族を遺伝的な感情（血縁淘汰）で守ることはできない。家族を守ると獲物を共同体で平等に分配できないので、類人猿はこのどっちかしかもっていない。ゴリラは家族を守るが共同体は形成せず、チンパンジーは家族ではなく共同体で行動する。

人間はチンパンジーからわかれたので共同体で行動するが、家族以外の個体とつきあうにはつねに敵味方を識別し、敵からは逃げなければならない。そういう必要のないゴリラは他の個体の顔を数日で忘れるが、チンパンジーも人間もずっと覚えている。他の動物に対する攻撃能力は食糧を獲得する能力だが、仲間に対する攻撃は集団を危険にさらすので、仲間をつねに確認する必要がある。

それはチンパンジーでは毛づくろい（グルーミング）でおこなわれるが、人間は言葉で仲間を確認する。これはグルーミングよりはるかに多くの仲間をつくることができるが、中には嘘をつく者もいる。こういう裏切り者を見分けるために贈与がおこなわれる。それを発見したのは、マルセル・モー

スである。彼は市場における交換より共同体の中の贈与のほうが人類史の大部分において普遍的だったと指摘した。(5)

北米の先住民の「ポトラッチ」と呼ばれる大規模な宴会は、儀式に招待した客に家に貯蔵した食物をすべてふるまったり、財産を村中に配ったりするが、贈与されたほうは返す義務を負う。モースはこれをコミュニケーションの一種と考えた。贈られた人は返礼の義務を負い、返さないと村から追放される。この贈り物が有用である必要はない。むしろ村の外では価値のない土偶のような装飾品が望ましい。有用な物は返礼しないで持ち逃げできるが、土偶を持ち逃げしても、村の外で役に立たないからだ。

この意味で贈与は単なるコミュニケーションではなく、一方的にコストを負担することによって共同体への帰属意識を示すコミットメント(担保)である。口先で「約束を守る」ということはできるが、それが嘘ではないという保証はない。村に贈与してあとから取り返すしくみになっていると、他人を裏切ることができない。このしくみは普遍的なもので、古くからみられる徒弟修行も、親方に贈与させて食い逃げを防ぐゲーム理論的にも合理的なしくみである。(6)

モースと同じ時代に、ブロニスワフ・マリノフスキは南太平洋のトロブリアンド諸島の調査で、クラと呼ばれる贈答のネットワークを発見した。(7) クラの関係は、贈与と返礼の交換を生み出し、何百キロメートルも離れた離島の人間を直接または間接に結びつけ、複雑な規則を守らせる。それは贈答の依存関係で社会を統合して、紛争を防ぐ機能をもっている。クラには豊かなシンボリズムがあり、芸術や儀礼の役割もある。これは機能主義的な観点からは余計な部分だが、こうした美的な価値を共同で楽しむところにクラの本質があるのかもしれない。

感染症がケガレを生み出した

定住革命は実際には一挙に起こったわけではなく、一万五〇〇〇年ぐらい前に始まり、ごく最近まで移動民と定住民は併存して生活してきた。定住に適した地域は、世界でも限られているからだ。四大文明と呼ばれる地域は、いずれも大河に面した湿地帯で、上流から養分を含む水が流れてきて、氾濫で土地が肥沃になった。

定住社会では子供は二年で一人できるとすると、人口は数十年で倍増するはずだが、一万二〇〇〇年前に四〇〇万人だった人類の人口は、七〇〇〇年前には五〇〇〇万人になっただけだ。定住で人口が増えなかった最大の原因は感染症だった、とジェームズ・スコットは推定する。[8] 定住生活では感染者と一緒に住み、排泄物や死体も蓄積するので、誰かが感染すると集落が全滅する。人口が突然消滅した遺跡が、数多く見つかっている。

定住の始まった新石器時代初期は人類史上もっとも死亡率の高い時期だったが、それ以降の五〇〇〇年で人類の人口は二〇倍の一億人に増え、その後も同じペースで増え続けた。これは人類が感染症を克服したからではなく、感染しても全滅しないシステムを発見したからだ。数百人の集落は感染症で全滅するが、数十万人集まれば数万人死んでも、残った人が免疫をもって「集団免疫」ができる。大きな集団の中で免疫をもつ人が一定の比率を超えると、彼らが病原体の「防護壁」になって感染を防ぐのだ。[9] これによって人類が感染症の淘汰圧に勝ったのは五〇〇〇年前以降だという。これは四大文明と呼ばれる農業文明ができた時期だが、人間がそこだけに住んでいたわけではない。それだけが文明と呼ばれるのは、国家ができ、文字で歴史が書き残されたからだ。

当時の人類の大部分は移動民であり、定住民に寄生していた。特に遊牧民にとって定住民は格好の宿主だった。一年かけてつくった穀物を収穫期になって遊牧民が襲撃して奪う戦いでは、遊牧民が圧倒的に有利である。農民は逃げられないが、遊牧民は自由に動けるからだ。メソポタミアではこういう略奪が毎年繰り返され、中国の王朝の大部分は遊牧民の征服王朝だった。ローマ帝国を滅ぼした「ゲルマン民族大移動」の主役も遊牧民であり、ヨーロッパ人は遊牧民の末裔である。さらに船が発達してからは、海賊がもっとも効率の高いビジネスになった。その末裔がイギリス人である。

定住生活では、ゴミと排泄物の処理が大変で、感染症で全滅するケースも多かったと思われる。その原因が細菌やウイルスだということは当時わからなかったので、疫病は多くの宗教の原因になった。死体や排泄物についてのタブーはどの文化圏でもきわめて強いが、乳幼児やブッシュマンにはみられないので、定住生活で生まれた文化遺伝子である。墓地や便所が日常生活から隔離されたのは感染症を防ぐためだが、それは人々の感情に刷り込まれ、強い禁忌となって受け継がれた。

葬儀に糞尿を使う慣習は、未開社会に広く見られる。死体に尿をかけて清めたり糞と一緒に埋葬したりする儀式があり、葬式の前後には性的なタブーも解除されることが多い。[10] こういう慣習は先進国にも残っており、ニューオーリンズでジャズが生まれたのは、墓地に隣接する売春街だった。日本でも、吉原の遊郭は鶯谷の墓地に隣接していた。死や性などのケガレを日常から隔離する儀式は近代社会では力を失ったが、社会を脅かすリスクがなくなったわけではない。福島第一原発の「処理水」をめぐる強いケガレの感情や、コロナをめぐる異常なゼロリスク志向には、日本人の「古い脳」に刷り込まれたケガレの感情がうかがえる。

クロード・レヴィ＝ストロースは、世界を自然と文化に二分することが「野生の思考」の本質だと考えた。[11] それは南米のインディアンからデカルトに至る普遍的な知性の本質だというが、人間になぜそういう知性が備わっているのかは語らなかった。彼が模範にしたロマン・ヤコブソンの音韻学理論では、すべての言語の音素には共通の弁別特性があるが、[12] 未開社会の「神話素」はばらばらで普遍性がない。

チョムスキーの普遍文法が見果てぬ夢に終わったように、レヴィ＝ストロースの神話学も人類に普遍的な概念ではなかったが、集団の内部と外部を区別する二分法は普遍的である。人体の免疫システムが病原体を外部として識別して排除するのと同じように、定住社会では汚物を外部として排除する。その原因はレヴィ＝ストロースの考えたようなデカルト的理性ではなく、危険な感染症を防いで集団を守るためのケガレの感情だったのだ。

日本人はなぜ「無宗教」なのか

定住が始まった自然条件としては、一万二〇〇〇年前に始まった地球温暖化が考えられる。氷河期が終わり、それまで〇度以下だった地球の平均気温がプラスになり、その後は（地球の歴史の中では例外的に）平均気温はずっとプラスで推移し、新たな食物を求めて移動する必要がなくなった。一ヶ所で多くの食糧が採集できるようになり、移動する必要がなくなったのだ。

特に日本は四季それぞれに収穫できる果実があり、海に囲まれて魚介類が豊かだったので、約一万二〇〇〇年前から定住生活が始まった。定住生活の集団には規模の経済があるが、集団があまり大きくなると食糧や女性を奪い合う喧嘩が起こり、集団は内部崩壊するので、集団の規模とその求心力にはトレードオフがある。

脳のハードウェアは移動に適応しているので、定住生活には不便なことが多い。特に厄介なのは、部族内の紛争だ。どんな集団でも、食物や女性をめぐる喧嘩はつきものである。狩猟採集社会では、問題を起こす個人を置き去りにして解決できたが、定住社会になると、紛争を解決する規範が必要になる。これは移動生活でも必要だったが、集団の規模が大きくなった定住社会では、共同体の中の紛争解決システムが必要になった。

集団淘汰の法則（三三二ページ）によれば、一つの集団の中では利己的な個体が利他的な個体に勝つが、集団間の戦争では利他的な集団が勝つ。宗教はこうした集団行動のために生まれたと考えられている。だから日本人が無宗教だといわれる最大の原因は、戦争が少なかったからだ。日本語のカミという言葉はキリスト教のgodとはまったく違うもので、その御神体は石だったり祖先神だったり道祖神だったり、ばらばらである。これを汎神論とか無神論とかいう人もいるが、それは世界のほとんどの文化圏に共通である。

土着信仰で重要なのは教義ではなく、ケガレなどの感覚の共有である。これを共有するためには説教するのではなく、人々の感覚を刺激する必要がある。音楽や舞踏は、言語より古いとも推定されている。祝祭も定住のストレスを定期的に解放するもので、宴会で酒を飲む習慣も古くからある。柳田國男が観察したハレの特徴は、多くの未開社会にも共通である。現代でも酒を飲んで「無礼講」でストレスを発散する慣習には、集団と個の矛盾を解決する機能がある。

人類の脳は新しい食糧を求めて移動する狩猟採集社会に最適化されているので、つねに新しい刺激を求める。移動して食糧をさがし、外敵から身を守る感覚が、遺伝的な「古い脳」の機能だが、定住して農耕を始めると変化が少なくなる。食糧は安定して供給され、外敵からは隔離されるので、脳への刺激が不足する。農作業が終わると、人々は長い夜を過ごすために神話を語り、壁画を描き、音楽を演奏し、芸能を楽しむようになる。

祝祭や儀礼の本源的な機能は敵と味方を識別して同族意識を高めることだったが、それは人々の退屈な時間を消費する手段ともなった。[13] それが長続きするには、感覚的におもしろいことが大事なので、祝祭には音楽や演劇など多くの娯楽が結集され、人々は長い時間をかけて準備する。生産の役に立たない祝祭に人々がこれほどエネルギーを費やしたのは、定住生活で余った時間を消費すると同時に、戦争にそなえて集団行動する訓練だったのかもしれない。

こうした信仰の初期の形態がアニミズムとかトーテミズムなどと呼ばれる土着信仰だが、これを呪術と呼んで宗教と区別するのは、キリスト教をモデルとするヨーロッパの偏見である。むしろキリスト教のような一神教が特殊な信仰形態であり、ユダヤ教系の一神教（イスラム教を含む）以外にはみられない。ヨーロッパはキリスト教圏ではなく、全欧にキリスト教が布教されたのはゲルマン民族の大移動以降である。

宗教の本質的な機能は集団の暗黙知を形成して文化遺伝子を継承することで、この意味の信仰は日本人にもあり、信仰の対象は共同体ごとに多様である。紛争が起こるとシャーマンが調停し、定期的に祝祭や儀礼で人間関係をリセットする。

集団が大きくなると神話だけでは秩序を維持できないので、体系的な教義で国家を統治する「教義宗教」ができた。それが発生したのは中国の黄河流域とインドのガンジス川流域と地中海東岸という地理的に離れた地域だが、時期は今から三〇〇〇年ぐらい前の「枢軸時代」に集中している。これは温暖化で農耕が始まり、共同体の規模が大きくなったためだと考えられている。顔見知りの暗黙知に依存する共同体はスケーラブルではないので、大きな国家の中で紛争を解決するには普遍的な教義が必要になったのだ。(14)

日本でも同じ時期に農耕が始まったが、普遍宗教は生まれなかった。これは山の傾斜が急で農耕の規模が小さく、大きな共同体ができなかったためだろう。世界的にみると、このようなローカルな信仰のほうが普通だが、その例外である一神教が人類の半数を占めるようになったので、それが典型的な宗教と思われるようになった。

縄文式土器は何の役に立ったのか

狩猟採集時代には実用的な石器しかなかったが、定住の始まった時期から、複雑な模様の土器や土偶が出現した。その特徴は図2のように装飾が多く、耳飾りの穴や入れ墨や抜歯などがみられることだ。土器の一部は水をくんだり料理したりする役に立っただろうが、大部分は底部が尖ったり過剰な装飾がついており、実用的ではない。土偶は何に使われたのか、いまだにわからない。

図２　縄文式土器（Wikipedia）

このような土器は単なる容器ではなく、祭祀に使われたものと思われる。実用的な機能はないが、おそらく呪術的な意味があり、われわれの祖先はそれを使って儀式をやったのだろう。それをつくる作業にも長時間かかったと思われるが、それは共同体に対する贈与の役割を果たしたのだろう。

青森県の三内丸山遺跡は、一九九〇年代に発掘が始まった縄文時代の最大の遺跡で、五九〇〇年前から四二〇〇年前まで、五〇〇〜一〇〇〇人の人々が同じ場所に定住したと推定されている。そこには戦争の形跡はなく、国家や階級を示す出土品も出てこない。一七〇〇年にわたって一キロメートル四方もない狭い集落に人が集まって住み、平和に暮らしたのだ。同じ時代にエジプトでは壮大なピラミッドが建設されたが、三内丸山遺跡にあるのは竪穴式と高床式の住居だけである（図３）。

縄文式土器にどんな意味があったのかは想像するしかないが、入れ墨や抜歯は通過儀礼（成人式）で使われたものと考えられる。そういう身体的な「刻印」は苦痛を

図３　三内丸山遺跡（青森県教育委員会）

ともなうが、他の部族では意味をもたない。自分の身体を傷つけることによって、縄文人は「この部族でしか自分は生きていけない」というコミットメントを示したのだろう。

国家を拒否した縄文人

狩猟採集民は大型哺乳類を捕獲して生活していたが、氷河期が終わると、マンモスのような大型動物は少なくなった。三内丸山遺跡でみられる主要な食糧は、魚介類と木の実である。このうち栗は栽培された形跡もあるが、それは単なる食糧ではなかった。栗の木は数十年かけて育てられ、大きな住居の材料になった。それは素人のつくれるものではない。縄文時代には、大工もいて共同作業がおこなわれたのだ。

縄文時代は、国家も戦争もない時代だった。世界の戦争に関する遺跡の九割は農耕社会のもので、中国では八〇〇〇年前ごろから農耕と戦争が始まっていた。日本には中国から入った石器などが出土するのに、縄文時代の遺跡から農業の痕跡は出てこない。縄文時代の遺跡から発掘された約六〇〇〇体の人骨のうち、殺傷痕があるのは一五体で、人を殺傷する武器も発掘されていない。武器や損傷した人骨など戦争の痕跡も出てこない。青銅の短剣などが発掘されるのは弥生時代の遺跡で、中国より五〇〇〇年も遅い。

なぜ戦争がなかったのだろうか。一つの原因は地形だろう。日本列島は二万年ぐらい前に大陸から切り離され、国土の七割以上が山で、傾斜が急で土地がやせているので、農耕には適していなかった。気候は温暖で水は豊富だったが、尾根で地域が分断されているため、広い地域を統治する国家ができなかった。

もう一つの原因は、日本が自然に恵まれていたことだろう。乾燥地帯で潅漑がないと作物の育たなかった大陸とは違い、日本は図4のように四季それぞれに採れる果実があり、魚介類もとれたので、水田のような面倒な技術は必要なかった。中国の古代国家は「水利国家」とも呼ばれ、運河のような大規模な潅漑工事をしないと、農業はできなかったが、日本は水が豊かだったので、潅漑工事の必要はなかった。

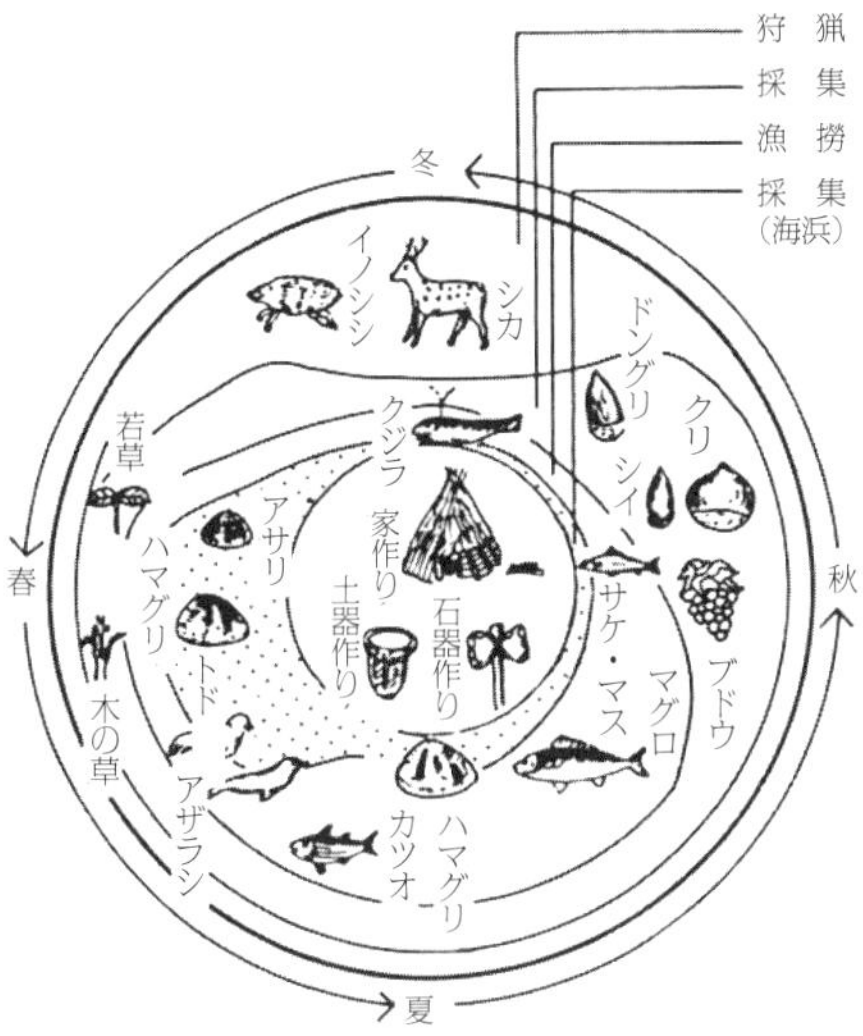

図4　縄文カレンダー（小林達雄）

もう一つの原因は、農業がなかったことだろう。灌漑農業は大規模な投資であり、その受益者が決まっていないと工事はできないが、収穫した穀物は貯蔵できるので、それを王（皇帝）が分配し、他国から守るシステムができた。中国では穀物の蓄積で国家が豊かになり、その富で運河を整備したので、歴史的にも農業は、国家とほぼ同じ時期に生まれた。農業は定住によって自然に生まれたのではなく、国家によって生み出されたのだ。[15]

しかし縄文人は、そういう国家を拒否した。このような農耕なき定住社会は世界的に珍しく、北米の先住民やイヌイット（エスキモー）ぐらいしかみられない。彼らはベーリング海が陸続きだった二万五〇〇〇年前に、ユーラシア大陸から北米に渡った。これは日本人の祖先が（陸続きだった）日本列島に渡ったのと同じ時期で、遺伝的にも日本人に近く、生活様式も似ていた。定住生活を送っても農業はせず、階級は生まれない。富が片寄らないように宴会（ポトラッチ）をおこなって獲物を人々にわける。このような平等主義と平和主義が、日本人にも共通している。

中国で農業と戦争が始まってから五〇〇〇年もの間、日本が農耕を輸入しなかったのは不思議である。縄文時代の末期には中国では戦乱が続いており、その余波が朝鮮半島に及んでいたことも当時の考古資料で明らかだが、海を隔てた日本には影響が及ばなかった。大陸から農耕を持ち込んだ人がいたはずだが、そういう遺跡は残っていない。大陸の武器を日本に持ち込めば容易に征服できたはずだが、そういう「征服王朝」は日本にはなかった。

その理由について松木武彦は、縄文時代の日本が自然に恵まれ、先祖代々の文化を受け継ぐ保守的な社会だったため、初期投資のかかる稲作を受け付けなかったのではないかと推測している。[16] 戦争と農耕はワンセットで階層的に組織された共同体を必要とするが、縄文時代の日本にはそういう組織がなかった。また大陸で戦争の最大の原因となった遊牧民が日本に渡ってこなかったことも大きいと思われる。

剰余を蕩尽して平和を維持する

縄文時代の一万年は遺伝的な突然変異が起こるには短すぎるが、文化遺伝子が進化するには十分長い。大陸では農民と遊牧民の戦争が続いたため、それに最適化した文化が生き残った。その最たるものが中央集権国家である。今から二二〇〇年前には秦の始皇帝が軍と官僚機構をそなえた国家をつくったが、それと同じ意味の国家は、日本では一九世紀まで生まれなかった。

秦は強大な権力をもつ皇帝を頂点とする国家で、圧倒的多数の農民はそれに従って納税する。中国では伝統的に皇帝と民衆の間に中間集団がなく、あらゆるレベルの決定はトップダウンでおこなわれ、民衆の意思はまったく反映されない。戦前の歴史家、内藤湖南は中国の官僚と民衆の関係を「殖民地の土人が外国の官吏に支配されておるのと少しも変わらない」と評した。[17] このような文化遺伝子は、習近平体制の中国にも受け継がれている。

それに対して国家のなかった縄文時代の日本では、人々は数百人の集落で一生を過ごし、その外には出なかった。三内丸山では狭い土地で一七〇〇年も同じ人々が暮らしたが、その間に戦争が起こった形跡はない。平和でのんびりしていたのかもしれないが、かなり息苦しい社会だったのではないか。その雰囲気を推測する材料は、先史時代としては世界にも類を見ない装飾品の多さである。膨大な縄文式土器のほとんどは、容器として役に立たない。土偶は祭祀に使われたものと思われるが、実用的な用途はない。漆器が一万二〇〇〇年前からつくられたのは世界一早いが、これも食糧採集や生産には役に立たない。

このような土器をつくるには専門的技能が必要で、時間も労力もかかったはずだ。それを大量につくって供物として提供することは、共同体に対するコミットメントを示す贈与だったと思われる。それが役に立つ道具だと持ち逃げする人が出てくるが、実用的な機能のない装飾品は部族の外では役に立たないサンクコスト（埋没費用）になるので、集団への忠誠心を示す証拠になる。これがモースの発見した贈与の普遍的な機能である。

縄文人の遺伝子は現代の日本人にはほとんど残っていないが、その文化遺伝子を「最古層」と呼ぶと、その原因は農耕なき定住社会という世界でも珍しい生活にある。三内丸山では栗の木を植えた形跡はあるが、組織的な農耕は生まれなかった。他の集落との交流はあったが、領土の拡大も発展もない閉じた社会だった。

このような一万年の長い平和で蓄積された「平和の遺伝子」は、現代の日本人にも影響を与えている。同じ人々がずっと隣り合わせで住む定住社会では、他人とすぐ喧嘩する人は子孫を残せないので、おとなしい性格の人が生き残る。そういう男性を好む女性も同様の遺伝子をもっていることが多いので、そういう性格も子孫に継承される。こういう人は戦争には負けるが、平和な社会には適応しやすい。縄文人はこのような家畜化した人々だったのではないか。

人間が定住して農業を営むようになると、穀物は貯蔵できるので剰余が生まれるので、不平等による紛争を防ぐには剰余をすべて消費する必要がある。ジョルジュ・バタイユは、北米の先住民がその財産を使い果たすポトラッチは剰余を「蕩尽」するしくみだと考えた。一部の人に富が偏在すると、その分配をめぐって紛争が発生するので、全財産を村中に贈与して蕩尽することで秩序を維持するシステムを人類は構築してきたのだ。(18)

アイヌは縄文人の化石

アイヌは法的には先住民族ということになっているが、これは学問的には誤りである。縄文人は一万二〇〇〇年前から日本列島にいたが、それが北方のオホーツク人と混血したアイヌが出てきたのは、いくらさかのぼっても二三〇〇年前以降の続縄文時代である。アイヌは縄文人が弥生人と同化した後も独自の言語を守った。「アイヌ文化期」と呼ばれるのは一三世紀以降だが、この時期にアイヌが生まれたわけではない。彼らは北海道に残って弥生人との同化を拒否した縄文人なのだ。(19)

最古層の贈与社会の痕跡が、現在のアイヌに残っている。彼らは平等主義で首長をもたない。上からの命令をきらい、ボトムアップの話し合いで意思決定をおこなう。成人式のとき入れ墨を入れ、他部族との違いを強調する。その最大の特徴は贈与と返礼を大事にし、商品交換をきらうことだ。余剰生産物を贈って返礼を求める相手は同じ部族の中に限られるが、商品交換は他の部族との間でおこなわれ、両者は厳密に区別されている。

九世紀以降の「擦文時代」と呼ばれる時期には、北海道のアイヌは本州の和人との間に中立地帯を設けて取引をおこなった。たとえば毛皮を米と交換するとき、アイヌは中立地帯の同じ先祖をもつ親族に毛皮を贈与し、その親族は婚姻関係をもつ和人に贈与し、その逆のルートで和人はアイヌに米を贈与した。なぜ直接交換しないで、こんな奇妙な取引をしたのだろうか。

それは和人と直接、商品を交換すると、アイヌの価値体系が壊れるからだ。アイヌ同士の贈答のルールは古くから決まっており、特定の個人が突出して豊かにならないように、生産物が分配されるが、外部との交換にはそういうルールがない。和人は製鉄や窯業などをおこなったので、そういう工業生産物をアイヌの世界に入れると、それをもつ人が多くの富を築き、平等性が崩れて紛争が起こる。そこで伝統的な秩序を守るため、交換を部族内の贈与から切り離したのだ。しかし和人の商人がこの中立地帯に入り込んで擬似親族となり、わずかな農産物と貴重な毛皮を交換して大きな利益を上げ、アイヌは貧困化した。

このように交換によって物と個人の関係を断ち切る「無縁化」は、網野善彦の指摘したように普遍的な現象だった。[20] そこでは部族内の人間関係は消去され、人々は神の前で交換する。アイヌは捕獲した獣を他の部族と交換する前に、チャシと呼ばれる祭壇で解体した。これは土塁を築いた丘で、その遺跡からは一万頭以上の骨が発見された。他の部族に売る肉や毛皮は、いったんチャシで清め、無縁化して取引したのだ。

交換は贈与とは異なる原理だったので、それが拡大すると、アイヌを結びつけていた贈答のネットワークは失われ、和人に搾取されて貧富の格差が生まれた。アイヌは国家を築かなかったので、明治以降はほぼ絶滅したが、九州の海民にはアイヌに似た狩猟採集文化が残っている。そこでは人々は住居をもたず、部族を超える交換は限定されているので社会的分業も発達せず、自給自足で貧しいが、貧富の差は少なく、国家も階級もない。それは現代に残る縄文人の化石なのだ。

国家に抗するアナーキー

このような縄文人の生活は特殊日本的ではなく、北米の先住民にもみられるように非農業社会では普遍的だった。ピエール・クラストルは北米の先住民を調査し、彼らが国家を拒否して戦争を抑制していることを発見した。部族が生き残るためには他の部族との戦争を指導する「首長」が必要だが、彼が王になることは許されない。必要もないのに戦争を始めると他のメンバーは離れ、首長は敵の矢を体中に受けて死ぬ。首長は一方的に命令するのではなく、部族の合意に従わなければならないのだ。[21]

縄文時代も、クラストルのいう「国家に抗する社会」だった。そこでは定住社会が一万年以上続いたが国家は生まれず、狭い「村」の中で戦争を抑止するための贈与や儀礼があった。農耕や戦争が始まったのは弥生時代である。北米の先住民にも縄文人にも共通なのは、国家を拒否して権力の集中を防ぐアナーキーであり、それは狩猟採集社会の秩序を維持する普遍的なメカニズムだった。

クラストルは北米の先住民には農耕なき定住社会が多いことを指摘し、農耕から定住社会や国家が生まれたという通説を否定している。国家は農耕から生まれたのではなく、定住する部族の争いから生まれたのではないかという。最近では定住が農耕に先立つことは通説になったが、国家が農耕に先立つわけではない。古代の四大文明のうち、エジプト以外には中央集権国家はなかった。

この思想は、デヴィッド・グレーバーの「アナーキズム人類学」にも受け継がれている。アナーキズムという言葉には無政府主義とかテロリズムといった暗いイメージがついて回るが、実際の未開社会は無秩序とは正反対だった。たとえばレヴィ＝ストロースが『悲しき熱帯』で描いたナンビクワラ族の首長は、部族の会合で命令せず、意見が違うときは徹底的に他人を説得し、全員一致するまで意思決定はしない。[22]

アナーキズムの元祖ピョートル・クロポトキンは、このような集団内の相互扶助を動物の行動に見出し、集団淘汰理論と同じような議論をしている。それは人間社会にもみられ、中世までは都市やギルドのようなアソシエーションが、民会や法廷などの統治機構をもつ自治体だったという。[23] 現代の歴史学でも中世の領邦が独立の「社団」だったことが明らかにされ、そのような分権的社会が経済発展の基礎になったと考えられている。ほとんどの人類の社会は、このようなアソシエーションで争いを避け、平和を守っていたが、それは平和主義であるがゆえに近代国家の軍事力には勝てなかった。

全員一致の合意なしで決定しない傾向は、日本の民俗学者の調査した村も同じだった。宮本常一が調査した対馬の寄り合いでも、村の古文書を貸してほしいという依頼に対して、三日にわたって話し合いが続けられ、全員が納得して初めて貸してくれたという。このような全員一致は、定住社会で同じ人々が一生つきあう上では不可決である。多数決で決めると、敗れた少数派は恨みをもち、別の問題では多数派になって敵を滅ぼすかもしれない。

縄文人も大陸から来た弥生人と戦争した形跡はないので、争わないでその支配下に入ったものと思われる。縄文時代の遺跡から大量に出てくる装飾の多い土器はなくなり、簡素で機能的な弥生式土器になった。それは土器や土偶を贈与しなくても、共同の農作業で集団への帰属が証明できるようになったからだろう。

第四章　天皇というデモクラシー

縄文時代後半の六〇〇〇年前から地球は寒冷期になり、植物が自由に採集できなくなった。この時期に大陸の乾燥地帯では大規模な運河が建設され、多くの人々を灌漑農業に動員する「アジア的専制国家」ができた。しかし日本で農業が始まったのは、いくらさかのぼっても三〇〇〇年前である。それも大規模な潅漑農業ではなく、豊かな水を共同利用する水田稲作だったため、中国のような中央集権国家は生まれなかった。

文書に残る最初の王は邪馬台国の卑弥呼で、中国の皇帝とはまったく異なるシャーマンだった。律令国家では中国の皇帝を模倣して大王《おおきみ》ができたが、これも象徴的存在で、実権をもっていたのは各地の豪族だった。デモクラシーは古代ギリシャの直接民主制で現代の議会制とはまったく異なる制度だが、代表を置かずボトムアップで意思決定をおこなう点では天皇制と似ている。

戦争は人類の本能か

社会をトマス・ホッブズのように「万人の万人に対する戦い」とみるか、ジャン・ジャック・ルソーのように「高貴なる未開人」の堕落とみるかは、人生観の違いだろう。最近は政治史を戦争の歴史として描くフランシス・フクヤマや[1]、文明を暴力からの脱却として描くスティーブン・ピンカーのようなホッブズ派が主流である[2]。彼らの議論の根拠は、石器時代の人類の最大の死因は殺人だったという考古学の実証データである。ホモ・サピエンスは三〇万年前から戦争を繰り返しており、その死因の一五％（男性の二五％）は暴力によるものだったという[3]。

命を守ることは何よりも大事なので、戦争は遺伝子に影響を与える。まず必要なのは、家族や親族に殺されないことだ。共食いを防ぐために生まれた心的メカニズムが愛情であり、それは子孫を殖やす装置でもある。それは時代を超えて人間のもっとも強い感情だが、家族の愛情だけで部族社会を維持するのはむずかしい。そのために生まれたのが信仰だが、これは狭義の宗教である必要はなく、敵を憎み味方を愛する「偏狭な利他主義」の制度化である。

類人猿には食糧やメスをめぐって争う行動はみられるが、集団の戦争はみられないので、人間が他の集団を攻撃する本能はそれほど強いとは思われない。アザー・ガットは、戦争は本能ではなく、武器の発見が誘発したものだという。動物の武器は歯しかないので、攻撃する側とされる側はほぼ対等だが、人間は直立歩行で自由になった手で、道具を使えるようになった。石で相手をなぐる場合には、先制攻撃する側が優位に立つ[4]。

特に相手が武器をもっていない場合には、武器をもつ側が確実に勝てる非対称性があるので、攻撃される側も武器をもたないと生命が維持できない。殺さないと殺されるので、人類の歴史では、戦争が日常的に繰り返されてきた。多くの人々が定住して農耕をおこなうようになると、こうした暴力を抑制するとともに他の集落の攻撃から自衛するために、特定の階級が武力を独占する必要が生じた。

国家が戦争を生んだのではなく、戦争がそれを抑止する装置としての国家を生んだというホッブズ派が現在の人類学から政治学に至る主流だが、グレーバーはこれに挑戦し、実証データをもとにして国家以前の人類の歴史を描いた。[5] 狩猟採集社会は国家がないという意味ではアナーキーだったが、他の集団と戦争するより、強い相手から逃げるほうが楽だから、戦争は多くなかった。戦争が増えたのは定住社会になって遊牧民の襲撃から身を守るようになってからだが、黄河文明にもメソポタミア文明にもインダス文明にも中央集権国家はなく、王もいなかった。

フクヤマやピンカーなどの使った二次資料にはバイアスがある。損傷した頭蓋骨だけをみると人為的につけられた傷が多いが、化石全体の中では頭蓋骨の損傷率は高くない。霊長類の研究では、死因のうち暴力は二％である。それが目立つのは、普通の頭蓋骨は論文にならないからだ。最近は人骨の年代を正確に推定できるようになったが、紀元前一万二〇〇〇～一万年には暴力による死亡率は約一〇％であり、紀元前三二〇〇～一三〇〇年からの農耕時代に増え、紀元前八〇〇～五〇〇年には約三〇％になった。[6]

農耕が戦争と国家を生んだ

戦争が農耕時代に増えたのは、遊牧民が農耕社会を襲撃して農産物を奪うようになったからだと考えられる。農耕民は国家をつくって狩猟民から身を守り、紀元前五〇〇年以降には戦争による死亡率が五％以下に下がった。戦争は農耕社会の生んだものだとすると、たかだか八〇〇〇年前からの出来事なので、人間に「戦争本能」があるとは考えられない。

図5　古層と最古層

多くの霊長類の集団は階級社会で、猿山のようにオスとオスの序列を決めて争いを抑止し、メスはオスに従属する。この序列は母系集団では生まれたときから決まっており、それを争いでくつがえすことは少ない。それに対して人類（ホモ・サピエンス）は平等主義で、集団の中の序列が決まっていなかった。これはルソーのいうように人類が博愛主義者だったからではなく、その逆である。

人類は直立歩行で手が自由になり、道具を使えるようになった。人間の最大の敵は人間なので、攻撃は最大の防御である。他の集団を攻撃するには、小集団で敏捷に動くことが望ましい。これは狼やライオンなどの捕食動物と共通の特徴である。この結果、人類は他の類人猿に比べてハイリスク・ハイリターンの環境で暮らさざるをえない。

集団の規模が小さいので、獲物が行き渡らないと餓死するから、獲物を独占するフリーライダーは他から攻撃され、グループから排除される。ニューギニアのある部族では、他人と争うことが多い者は「妖術師」とみなされ、集団リンチで殺される。狩猟能力の高い個人は決して能力を誇示せず、謙虚にふるまう。[7]このような平等主義は民族の違いを超えて人類に普遍的であり、人類の遺伝的な「最古層」に埋め込まれている。

しかし農耕社会に移行するにつれて階級が固定されて国家が生まれ、古層の文化ができた。ここでは弱い者が強い者に服従するが、これは最古層の平等主義を抑圧した社会であり、この二律背反がさまざまな紛争を生んだ（図5）。国家は暴力を独占して人々を支配する制度であり、宗教はそれを正当化して秩序を維持するイデオロギーである。

現代の左翼にも受け継がれている平等主義は最古層のなごりだが、それを近代社会で実行したソ連や中国の実験は、理想とは逆の大虐殺を生み出した。その原因は原初的な平等主義がスケーラブルではなく、顔を覚えられる部族より大きな集団を維持できないからだ。それを組織する身分制度は農耕社会の生み出したものだが、これは戦争や征服で破壊され、法や契約にもとづく近代社会ができた。そういう全面戦争のなかった日本では、最古層の平和主義が人々の暗黙知（空気）の中に残っている。

世界宗教は国家とともに生まれた

世界史で「四大文明」といわれるのは、黄河・メソポタミア・エジプト・インダス文明だが、いずれも文字を残した地域である。われわれはこのような「文明」しか知らないので、それ以外の「文化」は遅れたものと考えているが、多くの社会で文字がなかったのは、記録が必要なかったからである。小さな部族で互いによく知っているメンバーに贈与しても、それを記録に残す必要はない。約束はお互いに記憶しており、それを破ると部族から追放されるからだ。

記録が必要になるのは未知の他人と取引するときである。漢字もアルファベットも最初は取引を記録する記号として生まれ、徴税の手段として使われるようになった。その意味で日本が「文明化」したのが弥生時代だった。農耕を伝えたのは大陸からの渡来人だったが、日本列島に住んでいた縄文人と戦争した形跡はみられない。むしろ日本人が大陸の文明を積極的に取り入れたようだ。この点では遊牧民と農民の戦争が繰り返された大陸とは違う。

その変化は大陸に近い九州北部から始まり、人口もこの地域で急増した。これは農業が発展し、穀物が蓄積されるようになった時期で、この時期から戦争の遺跡がみられるようになる。顔見知りの共同体を超えて数万人が一つの文明圏で暮らすには、共通言語が必要になり、紛争を避ける宗教が必要になった。今から三〇〇〇年ぐらい前の枢軸時代には、ユーラシア大陸の亜熱帯でほぼ同時に世界宗教が生まれた。

ユダヤ教は三一〇〇年前、ゾロアスター教は三五〇〇年前、エジプトの一神教は三〇〇〇年前、ヒンドゥー教は三五〇〇年前、ジャイナ教は二六〇〇年前である。このように枢軸時代に各地で教義宗教が生まれ、しかもその多くが一神教だった事実は、カール・ヤスパースが指摘して以来、歴史学者がいろいろな説明を試みたが、相互の伝播はほとんどなく、偶然とも考えにくい。

これについてダンバーは、宗教の規模は共同体の大きさに比例するという。(8) 共同体が小さいと農作物が取れないとき飢えてしまうが、あまり大きくなると感染症や寄生虫で共同体が全滅するリスクが大きくなる。熱帯では一年中、果物がとれるので、他の共同体と取引する必要が少なく、規模が大きくならない。

四大文明の発生した地域は熱帯ほど収穫が豊かではないが、それど感染症が多くなかった。一年のうち栽培期間が短いので広範囲で農耕して取引する必要があるが、感染症も少ないため、同じ宗教を使う利益が大きくなる。寒帯では感染症は少ないが、栽培期間が極端に短くなるので、宗教の規模の利益は亜熱帯で最大になる。三〇〇〇年前に集中したのは地球が温暖化し、農耕技術が世界に広がったためだろう。

ただ一神教が生まれたのは中東だけだった。これは主要な生業が遊牧民だったことが原因だろう。牛や羊を統率し、農民を襲撃して作物を奪う遊牧民は戦争に最適化されており、それがユダヤ教から生まれたキリスト教とイスラム教が世界宗教になった原因だった。

日本の弥生時代も枢軸時代に始まったが、全国でほぼ同じ言語を話していたので、宗教を共有する必要はなかった。カミは各地域にあったが大した意味はなく、共同体を統合する国家もなかった。中国から律令制を輸入して、オオキミが天皇という名前になったのは七世紀である。

弥生時代の国家は小規模な部族国家だったが、それが次第に集約され、古墳時代（三〜七世紀）には特徴的な巨大な墓がつくられた。これは農産物が蓄積されて生じる余剰が蓄積されて格差ができるのを防ぐために、それを蕩尽したものと思われる。このように中央集権国家をきらう傾向は、縄文時代に一万年かかって日本人の脳内に刷り込まれ、弥生時代以降も変わらなかった。

古墳は国家権力を誇示するもので、朝鮮半島にもみられるが、天皇や律令制などの本格的な国家ができると消えてしまう。その原因は不明だが、継体天皇のころから立派な王宮や寺社が建設されるようになった。技術水準の低いときは権力の象徴として墳墓しかなかったが、複雑な建築や仏像ができるようになると、それが権威の象徴になる。多くの労働力を結集する権力を誇示する点では同じだが、寺社や仏像は知性を表現し、民衆の知らない大陸の文明を輸入する能力を示していた。

水田稲作が生んだデモクラシー

日本は中国から五〇〇〇年ぐらい遅れて国家の形を整えたが、律令国家というモデルは根づかなかった。その最大の原因は、戦争が少なかったことだろう。広い面積を一つの民族が占有しやすい大陸に比べて、日本には山が多くて大きな平野がほとんどなく、盆地ごとに小集落ができている。それを併合して中央集権国家をつくることは困難で、メリットも少なかった。

古代の農民を統合したのは、水田稲作だった。大陸では畑作が中心で、熱帯から稲作が北上したが、水田という複雑な耕作はかなり後になってできた。ところが日本では、畑作とほぼ同時に水田稲作が始まり、それが中心になった。水田は大陸から輸入されたものだが、縄文時代に定着した定住社会に適していたのだろう。

灌漑が必要で、田植えなどの共同作業を要する水田は、人口の流動的な大陸では発達しなかった。水田は先祖代々同じ土地を守る家族が協力しないと成り立たず、稲がとれれば一年それで暮らせる。つまり長期にわたる共同作業が必要で、途中で退出すると回収できないサンクコストが大きいので、農民は村にロックインされる。強い権力者が命令しても共同作業はできない。

中国のような乾燥地帯では、大規模灌漑を管理する皇帝が運河の水量を決めるが、日本では川の水量は決まっているので、分水量は末端の集落の必要量で決まる。組合が利害調整をして水の分配が決まり、そして多くの組合を調整して上流の組合の分配が決まる……というようにボトムアップで水の分配が決まった。

このように顔見知りの長期的関係に依存する水田稲作は、その後もずっと続き、日本の農村の構造に大きな影響を与えた。日本人のボトムアップの意思決定は、水田稲作でサンクコストを共有する習性と考えられる。弥生時代から古墳時代にかけて古代国家が形成されたが、それは小さな「村」が盆地ごとに分立する地域国家だった。

これは中国の中央集権国家とはまったく違い、古代ギリシャのポリスに似ていた。ポリスのデモクラシーは近代の議会政治（本書では「民主制」と呼んで区別する）とはまったく異なる直接民主制で、プラトンもアリストテレスも「衆愚政治」という否定的な意味でしか使っていない。

特徴的なのは、すべてのポリスに一貫して代表がいない「無頭性」である。[9] ポリスには、市長や議員のような代表はいなかった。すべての成年男子が民会に集まり、直接投票によって政治的意思決定をおこなった。官僚はくじ引きで決め、僭主になりそうな人物は、陶片追放（オストラシズム）で追い出した。この順繰りに支配し支配される当番制は、日本の村の「寄り合い」に近い。

それが機能したのは、民会に参加する市民が歩兵だったからである。その大部分は無産階級だったが、自分の投票で自分が戦争に行くかどうかが決まるので、真剣に論争がおこなわれた。近代の議会政治の原理が代表だとすれば、古代ギリシャのデモクラシーの原理は共有だった。これはギリシャに固有の制度で一般化できないが、弥生時代の日本が無頭性という点で共通しているのは偶然ではない。

古墳時代からヤマト王権へ

戦後の歴史学で主流だった唯物史観では、日本の古代国家は中国のような「アジア的生産様式」と考えられていた。黄河流域のような乾燥地帯で農耕をおこなうには大規模な運河や灌漑工事が必要で、広大な地域を統治する皇帝が生まれ、カール・ウィットフォーゲルは「水利社会」と呼んだ。これは中央アジアの遊牧民の周辺に中国のような中央集権国家ができた原因の説明として、現在でも有力である。[10]

アジア的生産様式においては、都市は皇帝の統治機構の一環だが、それを隅々まで管理する利益は周辺部になると逓減し、行政コストを下回るようになる。こうした辺境では、専制国家の脅威にならない限り自由にさせておくことが中国の伝統的な統治方式だった。最終目的は皇帝の権力を守ることなので、行政資源を効率的に配分したのである。だから中国の「半周辺」だった朝鮮が苛酷な支配を受けたのに対して、完全な周辺だった日本は中国の支配をまぬがれた。共同体が戦争で破壊されないで平和的に成長したので、西洋と似た封建制が成立した。中国や韓国がアジア的だとすれば、日本はアジアの中の非アジア的社会だった。中国の地形が広大な平原を統治する中央集権国家を生んだように、海に囲まれて凹凸が多い日本の地形が分権的な国家を生んだのだ。[11]

クニという言葉は古代からあるが、もとは「区切られた土地」という意味で、統治機構とは関係なかった。現代でも「クニに帰る」というように故郷の意味で使うのが、原義に近い。これをアメ（天）との対比で統治機構を意味する言葉としたのは『古事記』だが、初期には統一国家ではなく、多くのクニを束ねるオオキミ（大王）は合議で選ばれた。

当時の交通路として重要だったのは海である。これもギリシャと似ていて、もっとも高度な技術は海を超えて朝鮮半島から輸入され、それをもって日本にやってきた渡来人が、古墳時代のエリートになった。大王はその子孫だと推定されるが、古代日本はアジア的専制国家とは異なる貴族の連合政権だった。

それが次第に集約され、古墳時代には特徴的な巨大な墓がつくられるようになる。これ自体は朝鮮半島から輸入したものだが、日本に特徴的な前方後円墳は巨大で、当時の王の力を誇示するものだった。他方、王朝が代わるたびに遷都がおこなわれ、複数の王家が交代したことをうかがわせる。

実権をもっていたのは豪族と呼ばれる地域国家の指導者で、大王はそれにかつがれるシンボリックな存在だった。大王自身が武力をもって国家全体を統治したのは、七世紀の一時期だけであり、中国から導入した律令制も、その権威を補強する飾りだった。その実態は親族集団の連合体であり、統治の単位となったのは「氏」(ウジ)と呼ばれる親族集団だった。これは世界の文明圏に普遍的な家族形態で、相続は父系と母系の双系だった。

オオキミが「天皇」と呼ばれるようになったのは七世紀末以降であり、多くは合議で選ばれたので家系には大した意味がなかった。仁徳天皇陵も宮内庁が調査を禁止しているので被葬者は不明だが、建設された時期は四四〇~六〇年ごろなので、三九九年に没した仁徳天皇の墓でないことは明白だ(最近は「大仙古墳」と呼ばれる)。王権の実態も全国を支配するものではなく、複数の王が並立する地方国家で、王権が代わるたびに遷都した。その統治範囲は、東北地方南部までの本州と九州・四国だった。

この国家を何と呼ぶかについては定説がないが、中国からは「倭」と呼ばれていた。ここでは最近の教科書に従って「ヤマト王権」と呼んでおこう。(12) その始まった時期は四世紀とされるが、その根拠は八世紀に書かれた『古事記』と『日本書紀』なので、歴史記述は一貫していない。たとえば第一〇代の崇神天皇（のちにつけられた称号）の名前は、ハツクニシラススメラミコト（初めて国を統治した天皇という意味）だが、神武天皇にも同じ名前がつけられている。

神武天皇は架空の人物だが、初代という意味の称号が二回使われたのは、『日本書紀』が複数の家系の系譜を編集したためだと思われる。その出典は帝紀（天皇家の系譜）と旧辞（天皇の事績）と呼ばれるが、原本は存在しない。大部分は口頭の伝承を話者が暗唱して伝えたもので、そのテキストにも多くの異本があった。

崇神天皇は古い資料にも出てくるので、これを初代とするのが初期の伝承と考えられる。それより前の神武から開化までの天皇は旧辞がなく、想像上の人物だろう。それ以降も『古事記』によれば、崇神天皇は一一九歳、応神は一一一歳、仁徳は一四三歳というありえない寿命で、この時期に複数の王朝が併存し、王位継承をめぐる紛争があったことを暗示している。

実在の人物として疑問がないのは第一五代の応神天皇からで、第二六代の継体天皇（在位五〇七～五三一年）以降は多くの記録に整合性がある。継体は応神の五代の孫ということになっているが、その間の四人の名前は不明で王位が継承されたとは考えにくく、継体を新王家と考える説が有力である。それ以前は複数の王権が近畿地方の各地にあり、「河内王権」とか「難波王権」などと呼ばれている。

「男系の皇統」は存在しなかった

天照大神《あまてらすおおみかみ》や神武天皇が実在しないことは誰でも知っているが、「男系の皇統」を信じている人は意外に多い。現在の皇位継承をめぐる議論でも天皇が男系の皇統で継承されてきたことが前提になっているが、男系男子の継承が成文化されたのは明治時代の皇室典範が最初である。天皇家が古代から男系で継承されてきたというのは井上毅《こわし》の説だが、そんな規定はなかった。明治天皇までは側室がいたので、多くの子の中で男子が皇位を継承しただけである。(13)

そもそも五世紀までは複数の王権が交代したのだから、単一の天皇家が続いたというのも『日本書紀』の創作である。『古事記』以前の時代には多くの王家があり、推古天皇や持統天皇のような女帝もいたが、その歴史を『日本書紀』が改竄して天皇支配を正統化したのだ。皇統が男系なら男性の神で正統性を語るはずだが、『日本書紀』の出典となった古い層の神話では性別が書かれていない。現実の王権も、卑弥呼でもわかるように女系の伝統が強かった。妻の実家に夫が婿入りする招婿婚もある「双系」で、厳格な家系の概念はなかった。

日本に男系の皇統がなかったことは、宦官がなかったことでもわかる。これは中国で皇帝の血統を守るために去勢した男性官僚で、春秋戦国時代からあった。中国は外婚制の父系親族集団なので、たとえば李という一族の子は李で、妻の姓が林だとしても相続は李一族でおこなわれる。ここに林一族の男が入ってくると王位継承をめぐって紛争が起こるので、皇帝が男系男子で継承されることは王権の正統性を守る上で重要だった。

ところが日本では御所には天皇家と無関係な男性も出入りできたので、側室の産んだ子は誰の子かわからないが、皇位継承をめぐって紛争が起こったことはほとんどない。それは天皇に実権がなく、その正統性が大事な問題ではなかったからだ。中世以降は称号（諡《おくりな》）さえない天皇が多く、神武以来のすべての天皇に諡をつけ、皇統を男系で統一したのは、一九二五年に宮内省の編纂した皇統譜である。

「日本」という国号はさかのぼっても七世紀末で、それ以前には正式の国名はなかったが、当時の中国の呼び方で「倭国」と呼ぶのが妥当だろう。天皇という称号も、七〇一年の大宝律令のころできたものだ。五〇七年に即位した継体天皇の当時の名はオオドノミコで、その先代の武烈天皇（オハツセノワカサザキ）とは異なる家系の、新しい王家と考えられている。

継体が応神の子孫だという正統性は疑わしく、彼は垂仁《すいにん》天皇の八世の子孫だとも『日本書紀』は書いている。継体は仁賢《にんけん》天皇の娘と結婚し、皇統は女系で継承された。そのころはまだ男系の皇統という制度がなかったのだ。オオドノミコに継体という諡がつけられたのは、断絶した「体を継ぐ」という意味だろう。『日本書紀』が武烈を「しきりに悪行をなし、一つも善を修めず」などと悪い君主として描いたのは、王家の断絶を正当化するためと思われる。

武烈が後継者を決めないで逝去したので、大伴氏などがオオドノミコを後継者に仕立てたが、継体は即位してから七〜二〇年も都に入れなかった。これはまだ王家の間に対立や紛争があったことを暗示している。継体の墓（今城塚古墳）は前方後円墳で古墳時代のなごりを残しているが、これを最後に古墳は姿を消す。それは地域国家が競って大きな墓で勢力を誇示する時代が終わり、王宮や仏教寺院で王権の権威を誇示するようになったからだろう。[14]

天皇家は「ウルトラマンファミリー」

「万世一系」も、明治時代に岩倉具視がつくった言葉である。男系男子の皇統は中国の宗族を輸入したものだが、日本の家族とは異質なので根づかなかった。天皇家を支配していたのは、藤原家などの母系貴族だった。本郷和人はこれを「ウルトラマンファミリー」にたとえている。(15)

一九六六年に「ウルトラマン」が放送され、翌年「ウルトラセブン」が放送されたが、これは当初まったく別のシリーズだった。その後「ウルトラマンエース」や「ウルトラマンタロウ」や「ウルトラの母」などが創作され、これが後にウルトラマンファミリーになった。「天皇ファミリー」もこのように多くの王家を統合する物語なのだ。多くのオオキミが単独の天皇になる過程には定説がないが、おおむね次のように大きく三段階にわけられる。

- 崇神天皇（〜紀元前二九年）に始まる初期ヤマト王権
- 応神天皇（〜三一〇年）に始まる河内王権
- 継体天皇（〜五三一年）に始まる近江王権

このうち『日本書紀』では（神武天皇から九代を除いて）崇神天皇が最古の天皇とされているが、その実在は確認されていない。『日本書紀』の記述によると崇神天皇の寿命は一六八歳であり、複数の王を合成したものと考えられる。応神天皇の時代には王権がヤマトから河内（難波）に移動して多くの政権が統合され、朝鮮半島への進出や朝鮮からの技術者の流入が起こった。この時期に前方後円墳がつくられ、統一国家の王の権威が高まった。

継体天皇以降が天皇家につながる家系とされているが、継体天皇は河内王権とはつながっていないと考える研究者が多い。実在が確認できるのは舒明《じょめい》天皇（〜六四一年）以降だが、壬申の乱までは王位をめぐる内紛が続いた。それに勝利した天武天皇（〜六八六年）が初めて天皇と呼ばれた。これを正統化したのが『日本書紀』だが、王権の実態は多くの「村」の連合国家だった。

古代日本では父系か母系かという系譜より「氏」という親族集団を維持することが最大の目的だった。全国各地に蘇我《そが》氏、物部《もののべ》氏など多くの氏があったが、それを戦争で征服した場合も、滅ぼさないで併合した。大王はそういうファミリーの連合政権で、そういう性格は記紀の神話にもあらわれている。

世界の多くの神話とは異なり、記紀には戦争の記述がほとんどなく、八百万《やおよろず》の神々が共存する世界が描かれている。古代に複数の王権があったことをうかがわせるのが出雲神話だが、これもスサノオノミコトの国づくりの神話になり、戦争の形跡がない。戦争が描かれている数少ないエピソードは神武東征だが、これは原型となる史実があったのかどうかははっきりしない。

「まつりごと」の構造

いずれにせよ天皇が実権をもつ中央集権の律令国家が存在したのは、たかだか天智天皇から天武天皇までの半世紀で、その前にも後にも天皇が他の豪族を超える強大な権力をもった形跡はない。古代日本は一貫して地域権力の連合体であり、戦争ではなく姻戚関係で併合されることが多かったが、「空虚な中心」としての天皇は現代まで続いている。それはデモクラシーの無頭性を守るため、古代から一貫して形骸化された君主だった。

大陸の戦争の最大の原因は遊牧民が農耕民を襲撃したことだが、遊牧民のいなかった日本では戦争が少なく、村の中のコンセンサスで意思決定がおこなわれ、全員が納得するまで話し合いがおこなわれた。これを丸山眞男は「日本型デモクラシー」と呼び、その統治形態を「まつりごとの構造」と呼んだ[16]。

まつりごとは漢字で「政」を当てるため、古代の日本では祭政一致だったといわれる。古墳時代以前には政治に軍事的な性格が少なかったので、卑弥呼《ひみこ》のようなシャーマンが政治をおこなった時期もあるが、記紀では祭祀と政治は分離されている。ここで「まつる」の主語は天皇ではなく、天皇が職務を委任したヤマトタケルやオホビコノミコトなどの皇子であり、彼らが天皇に奉仕する（まつる）。つまり日本では政治とは、臣下が天皇に奉仕することなのである。

これは皇帝が権力を独占して国家を支配する中国の政治とはまったく違い、法によって政府が統治する government とも違う。ここでは受動的に名目的な決定をおこなう天皇と、それをまつり上げて実質的な判断をおこなう実務者が分化し、政治は天皇が国を「しらす」とか「きこしめす」といった言葉で語られる。これは「知る」とか「聞く」の尊敬語で、天皇は国家を支配するのではなく、受動的に天下の出来事を知り、聞く存在とされている。

このように精神的権威と実質的権力の分化した二重支配は、古くは『魏志倭人伝』の伝える邪馬台国にもみられるが、律令制度のもとでも摂政・関白などの「令外の官」が実質的な権力者となり、武士が実権を握ってからも天皇に委任された「将軍」という形式をとった。その実務はさらに執権や老中などに委任され、決定と責任が一致しない構造がさまざまなレベルに見られる。この構造は、平和の維持に役立った。正統性の源泉がつねに天皇にあるので、権力をもつ勢力が国家を転覆する「革命」は成功しない。

こういう構造が残っている一つの原因は、戦争が少なかったために古代国家の淘汰圧が小さかったことだろう。共同体が戦争で破壊されると人口が流動化し、全体を統治する支配者が必要になるが、共同体が平和共存すると、既存の秩序を守ることができる。そのためには「村」の規模を小さく保ち、集団間の人口移動は最小化し、集団内では平等主義を守る必要がある。

III　「国」と「家」の二重支配

第五章　公家から武家へ

日本の歴史には、内向きの時期と外向きの時期がある。縄文時代の一万年はほとんど大陸の影響を受けた形跡はないが、弥生時代には大陸から農耕が輸入され、古墳時代には国家が輸入された。律令制は中国（唐）から輸入した中央集権制だが、日本人には合わなかった。この時期から大陸との交流は少なくなり、日本独特の「荘園」が生まれる。

大宝律令が完成したのは七〇一年だが、荘園を認める墾田永年私財法ができたのは七四三年である。律令制が始まった四〇年後に、非公式の荘園制が始まったのだが、それは律令制を否定するものではなく、律令制を補完するものだった。公式にはすべて公地公民だったが、現実には多くの土地が私有で「家」によって相続された。ここにも名目と実質を使いわける二重支配の構造がみられる。

「職」の体系

農耕社会で戦争が発生した最大の原因は、土地をめぐる争いだった。これは日本でも発生したが、古代には農地も山林も共有されていたので、土地を奪い合う戦争はまれだった。律令制ではすべての土地は国有とされ、農民は天皇から預かった土地を耕作して納税する建て前だったが、現実には公領と荘園が併存したため、農地には二重の所有権が発生した。

このような状況を、経済学で「アンチコモンズ」と呼ぶ。(1)一つの土地を複数の地主が共有すると、その収穫が誰に帰着するのかわからなくなって紛争が起こる。こうした紛争を避けるために武力で守ることが多いが、荘園では農民は地元に住む「下司職《げししき》」に農作物の一部を収め、荘官は京都に住む「領家職」に上納し、その一部が藤原氏などの「本家職《ほんけしき》」に上納された。これを「職《しき》の体系」と呼ぶ。(2)


それは公式の律令制とはまったく異なる非公式のシステムだが、その頂点も天皇だった。しかし天皇に実権はなく、政治的決定は摂政・関白などの令外の官がおこない、天皇はそれを事後承認するだけだった。中でも最大の令外の官は上皇で、最大の荘園領主でもあった。それは公式のポストではなく「天皇の父」という血縁による支配であり、中国の王朝にはみられない。

中世ヨーロッパでも荘園（マナー）という言葉が使われるが、これは在地領主が一円を支配して農奴から地代を徴収する直接支配だった。土地の所有権は領主にあり、彼らが武力で農奴を支配し、その安全を守る対価として農産物を受け取る契約が成立していた。ここでは所有権を担保するのは武力であり、ヨーロッパの中世国家は武力を独占する領主が農奴を支配する「領邦」だった。

それに対して日本の本家は貴族であり、京都に住んで自分の荘園を一度も見たことのない不在地主だった。所有権をめぐる紛争が武力で解決されることは少なく、領家も京都に住んでおり、たまには現地を視察することもあったが、現地で徴税などの業務をおこなったのは荘官だった。これは常識的に考えると奇妙である。なぜ農民は、土地を見たこともない本家に農作物を上納したのだろうか。

それは農業技術が未発達で、農民が自立していなかったためだ。古代の農民は領主の土地や農業技術なしで生活できなかった。公地公民の律令制は農民を搾取する体制のようにみえるが、一面では国家を単位として潅漑事業をおこない、農業生産性を上げた。人口が増えると新たな農地を増やす必要があり、開墾を奨励するインセンティブとして荘園が生まれた。初期には荘園の農民にも律令制の税（租庸調）を納める義務があり、専属の農民はいなかったが、平安時代に次第に貴族の私有地になった。

このように混乱していた所有権を整理するため、一〇六九年に後三条天皇が荘園整理令を出し、荘園の一部を没収して公領にしたが、残りは私有地として公認した。これによって律令制と荘園制の併存する「荘園公領制」ができたが、非公式の荘園の所有権は不安定で、土地をめぐる紛争が起こりやすかった。日本全国を支配する統一国家がないので、土地の所有権を武力で決定できなかったからだ。

そこで領家は京都の本家の威信を利用し、荘官はその権威に従って土地を守った。「この土地は公領だ」という国司に対して、土地を藤原家に寄進（贈与）し、「ここは摂政の土地だ」ということでその所有権を正当化したのだ。本家も領家も武力をもたない公家であり、この「職」は初期には官職だったが、次第に私物化されて相続される特権になった。その特権を守る力は、武力ではなく天皇に近い「家」の権威だった。藤原氏は娘を天皇家に嫁がせる「家格」で遠い農地を支配したのだ。

表の「国」と裏の「家」

荘園は世界にもまれな「小さな地域の自治権を最大に、国家や地方政府の役割を最小にした場合、何が起きるかという社会実験」だった。(3) 通常はこのようにばらばらの地域国家ができると内戦が起こって混乱が続くが、日本では墾田永年私財法で荘園が生まれた七四三年から、応仁の乱で荘園が解体された一四六七年まで七〇〇年以上も荘園制度は続いた。このような非公式の土地制度が、国家なしに七〇〇年も維持されたケースは世界でも珍しい。

この時期でも対外的に遣唐使などを派遣する日本という「表の国」の代表は天皇だったが、荘園という「裏の国」の代表は上皇で、実権をもっていたのは後者だった。上皇は最大の荘園領主として地方豪族を支配下に収めていた。「家」は荘園を管理する職能集団で、その正統性は世襲される「職」で保障された。(4)

中世初期には律令制の国司も残っていたが、次第に彼らが荘官職になり、その地位は「家」で相続されるようになった。それを護衛する私兵として生まれたのが兵《つわもの》で、これが組織されて武士団が生まれた。武士も初期には職能集団だったが、その指導者の地位が世襲されるようになった。

「氏」と「家」の違いは相続にある。氏は多くの家族の集まった親族集団なので、土地や財産は必ずしも父から子に相続されたわけではなく、実力のある男が財産を奪うこともあった。それに対して「家」では原則として長男が全財産を相続し、「職」も世襲された。「家」は長男を中心として組織されるが、それは必ずしも血縁で結びついていたわけではない。互いに名前を覚えられる規模を超えると分家し、別の苗字を名乗ることも多かった。

初期の荘園は領主が開墾した土地を私有したものだったが、一〇世紀ごろから土地を藤原氏などの名家に寄進する荘園が増えた。これを支配する制度は律令制のように統一されておらず、ばらばらの荘園を「本家→領家→下司」という「職」の多重構造で支配した。このうち本家は寺社や格式の高い貴族だが名目的な存在で、中心は領家だった。当初の「職」は一代限りだったが、次第に父系の「家」で世襲されるようになり、古代の「氏」と呼ばれた親族集団が、私的な「家」に分解する傾向が強まった。

院政も、天皇という律令制の君主の権威を天皇家の家長としての上皇の権威が上回ったものだ。貴族の地位は世襲される「家職」や「家領」として相続され、荘園がその経済基盤になったが、その支配は不安定だった。ヨーロッパの貴族は武力で領地を守ったが、本家も領家も武力をもっていなかったので、その権力を支えたのは贈与の原理だった。在地領主が土地を開墾したとき、一部を貴族に寄進すると税を減免される「免田」になり、その所有権が確認された。

それでも一部は国司に納税する義務があったが、後三条天皇は荘園整理令で証拠の不備な荘園を一掃し、二重課税はなくなった。公地公民の原則と寄進による贈与経済の原則が別々に併存するようになったのだ。ある荘園を藤原氏に寄進すると、その土地の本家は藤原氏になるが、実質的な支配権は在地の荘官（下司）にある。何割かは本家や領家に上納するが、その比率は律令制のように厳密に決まっていなかった。このような名目的な権威による土地支配が、鎌倉時代まで続いたのは驚異的である。そこでは直接的な暴力が行使されることなく、頂点にある「天皇職」の権威で徴税がおこなわれ、その代わりに所有権が認められた。

「氏」から「家」へ

「家」はこのような「職」の多重下請け構造の末端として生まれた集団である。貴族や武士が土地を相続するための制度だったが、次第に農民にも取り入れられた。中世以降も名目的には天皇を頂点とする律令制が続いていたが、実質的には上皇を頂点とする荘園制で経済活動がおこなわれ、「職」は貴族に世襲された。こんな複雑な裏表のある権力構造が武力にも依存せずに続いたのは、全国を支配する権力がなかったからだ。

荘園の秩序はほとんど文書化されず、誰が誰を支配しているのか外部からはわからなかった。武士も平家まではそういう貴族的な性格をもっていたが、源頼朝はそういう性格を断ち切り、在地領主の集団として鎌倉幕府を設立した。「職」もある時期までは律令制の国家的権威で支えられていたが、荘園整理令以降は完全な私有地になったので、在地領主（下司）の力が相対的に強まり、「地頭」と呼ばれるようになった。

「家」は日本古来の伝統だと思われているが、古代の貴族は蘇我氏や物部氏など「氏」と呼ばれていた。これは古代中国と同じ外婚制の親族集団で、天皇は全国の土地を公有する君主だったが、荘園整理令で公領と荘園が分離されたため、天皇家も上皇が荘園を私有する「家」になった。それは国の支配に対立しながら、その権威を利用して各地域を支配する二重支配のシステムだった。

日本の中世は、従来は源頼朝が鎌倉幕府を開いたときとされ、その年代については一一八〇年から一一九二年までさまざまあるが、一二世紀後半に律令制から武家政治に移ったと考える点は共通である。しかし一〇世紀には荘園が拡大して律令制の財政基盤が崩れ、東国では戦乱が続いて、京都の貴族が統治できる範囲は狭まった。そんな中で後三条天皇が荘園整理令を出し、一〇八六年に白河上皇が院政をしいた。最近の歴史学では、この時期が中世の始まりとされることが多い。

このとき多くの領主が国の課税をまぬがれるために上皇に荘園を寄進したので、建て前では全国が天皇の公領だが、荘園は上皇や公家の領地（院領）になった。このように公式の「国」による支配と非公式の「家」の二重支配ができ、公家・寺社・武家の権門が分立する「権門体制」ができたという説もあるが、重要なのは、武力をもたない上皇や公家に、なぜそれほどの権力があったのかということだ。

荘園公領制は荘園と公領という二重の土地制度が併存するアンチコモンズ状態だったため、誰の土地かを裁定して紛争を解決することが重要だった。建て前ではすべての土地は天皇のものだったが、国司の徴税能力は落ちていたので、農民が公租を拒否するには「この土地は上皇のものだ」という権威が必要だった。天皇家の側からみると、律令制が崩れて天皇家の財産が減っていく中で、上皇が私的な荘園を蓄積することが権力の基盤になった。同じことは摂関家や寺社にもあり、このような権力分立を統一する強力な権力者があらわれなかったので混乱が続いた。

それは対外関係とも関係がある。律令制は七世紀に唐から輸入した制度で、「軍国体制」とも呼ばれた。これは六六三年の白村江《はくすきのえ》の戦い以降、対外的な緊張の高まった時期に国民を戦争に動員する体制だったが、一〇世紀には唐が崩壊し、律令制の正統性は失われたので、日本でも空洞化した。その中で院政は、荘園という経済基盤をもつ上皇が武士に官位を授け、その武力で権力を守る「共生」だったともいえる。

武士は京都で生まれた

戦後のマルクス主義歴史学では、荘園の中で成長した農民が在地領主として武装し、荘園領主の支配を脱して武士になったと考えたが、中世に活躍した代表的な武士に農民の子孫はいなかった。[5] 武士の起源はいまだに定説がないが、その一つの起源は宇多天皇（八八七年〜）を警護する「滝口武士」だった。これは当時、都に横行した群盗から天皇を守る警備員で、平・源・藤原などの姓を与えられた。

武士は関東の農民から生まれたのではなく、京都で生まれた。彼らは都を荒らし回った群盗の一部が天皇を守る警備員として雇われ、貴姓を授かったものだ。武士の姓は豪族と同じだが、警備員に藤原家と血縁があったわけではない。滝口武士は治安維持に重要な役割を果たし、馬に乗って弓矢を放つ特殊な技能をもった「芸能人」だったが、そういう技能は実戦ではほとんど役に立たなかった。

武士という名称にも意味がある。中国では〈武〉と〈士〉は対立概念だった。「よい鉄は釘にならず、よい人は兵にならない」といわれたように、兵士は食いつめた貧乏人のなる卑しい職業で、〈士〉（高級官僚）とは対極にあった。その〈武〉を支配階級の一部と位置づけ、天皇のコントロールのもとに置いたのだ。宇多天皇の文書では「武士と文人」というように、武士は文人（知識人）と対立して使われ、武士の特殊技能を世襲する「家」が生まれた。この時期の武士はあくまでも都のボディガードであり、地方を支配する軍事力はなかった。

どの文明圏でも社会の基礎となる集団は家族だが、それを超える共同体も家族をモデルにすることが多い。中国の宗族（これも家《チア》と呼ばれる）は数万人の外婚系男系親族集団だが、日本の「家」は数世代が同居する中規模の家族で、中世以降、長男がすべての土地や財産を相続する「直系家族」になった。これは土地の分割を防いで家を守る制度だが、きわめて不平等である。女性は他の家に嫁入りできるが、次三男は土地を相続できず、分家によって長男の土地をわけてもらえないと、家を離れるしかない。他の家はそれを婿養子という形で救済した。

だから武士の忠誠の対象は主君ではなく「家」であり、その価値は先祖代々受け継いだ「名」である。それは単なる名誉ではなく、土地の所有権が曖昧な社会で紛争を避け、収穫を確保するためには、それを正統化する権威が必要だったのだ。その権威は武力で守られるのではなく、さらに上位の権威に公認されることで正統化される。その頂点にいたのが天皇だが、彼は何も権力を行使しない。初期の武士もその権威を支える私兵であり、武力で支配したわけではない。

核家族から直系家族へ

このような土地所有の変化は、家族形態の変化をもたらした。狩猟採集時代の家族は、エマニュエル・トッドの分類に従うと「核家族」だった。移動生活をしていた人類には相続する財産はなく、大家族を養う余裕もなかったので、子供を産むと親が一緒に小集団で移動した。農耕社会になっても圧倒的多数の民衆には相続すべき土地も財産もなかったので、家族は一代限りで、財産は平等に分配し、子は親から独立する核家族が普通だった。これが狩猟採集時代から続く最古の家族形態である。(6)

日本でも最古の家族形態は双系だったと考えられ、家族の集合体は「氏」で継承された。天皇（大王）

も古墳時代には一つの家系ではなかったが、中国から皇帝の制度を輸入した。中国は多くの家族が数万人規模の「宗族」で総合される「共同体家族」だったが、日本の天皇はそれとは違う直系家族だった。その支配が確立した七世紀以降の天皇は男系男子だったが、その血統が一〇〇〇年以上も続いたのは、天皇の権力が強かったからではなく、それが重要ではなかったからだ。

平安時代になると藤原氏が娘を天皇と結婚させて摂政や関白になり、歴代の天皇は藤原家に「婿入り」して藤原氏の家で暮らすようになった。藤原氏が天皇を廃位して自分が天皇になることは容易だったが、そんなことをする必要はなかった。藤原氏は天皇に代わって意思決定できたからだ。大事なのは血統ではなく、藤原氏の直系家族である「家」だった。天皇と血がつながっていなくても、その義父や大叔父として属人的な権力をもった。この「血より家」という原則が、日本史を貫く法則だった。

一一世紀の白河上皇から院政が始まったが、母方の尊属である藤原氏の代わりに父方の尊属である上皇が実権を握るようになっただけで、天皇に実権がないのは同じだった。一三世紀以降、実権が武士に移ると天皇家の家系には意味がなくなり、国家の実態は各地方の「家」の連合体になった。

世界的にみると、日本はトッドのいう直系家族のグループに含まれる。その原則が近代法に明記された珍しい例が、明治時代にできた旧民法である。これは夫婦同氏で長男が財産をすべて相続すると定めるもので、中国の共同体家族の原理とはまったく別だが、そのモラルは今も日本社会の構造に強い影響を与えている。終身雇用は「家」の原則であり、下請けは「職」の多重構造である。

核家族は最古の家族形態だが、それが世界の周辺地域に残っている。西欧は核家族で個人主義だが、

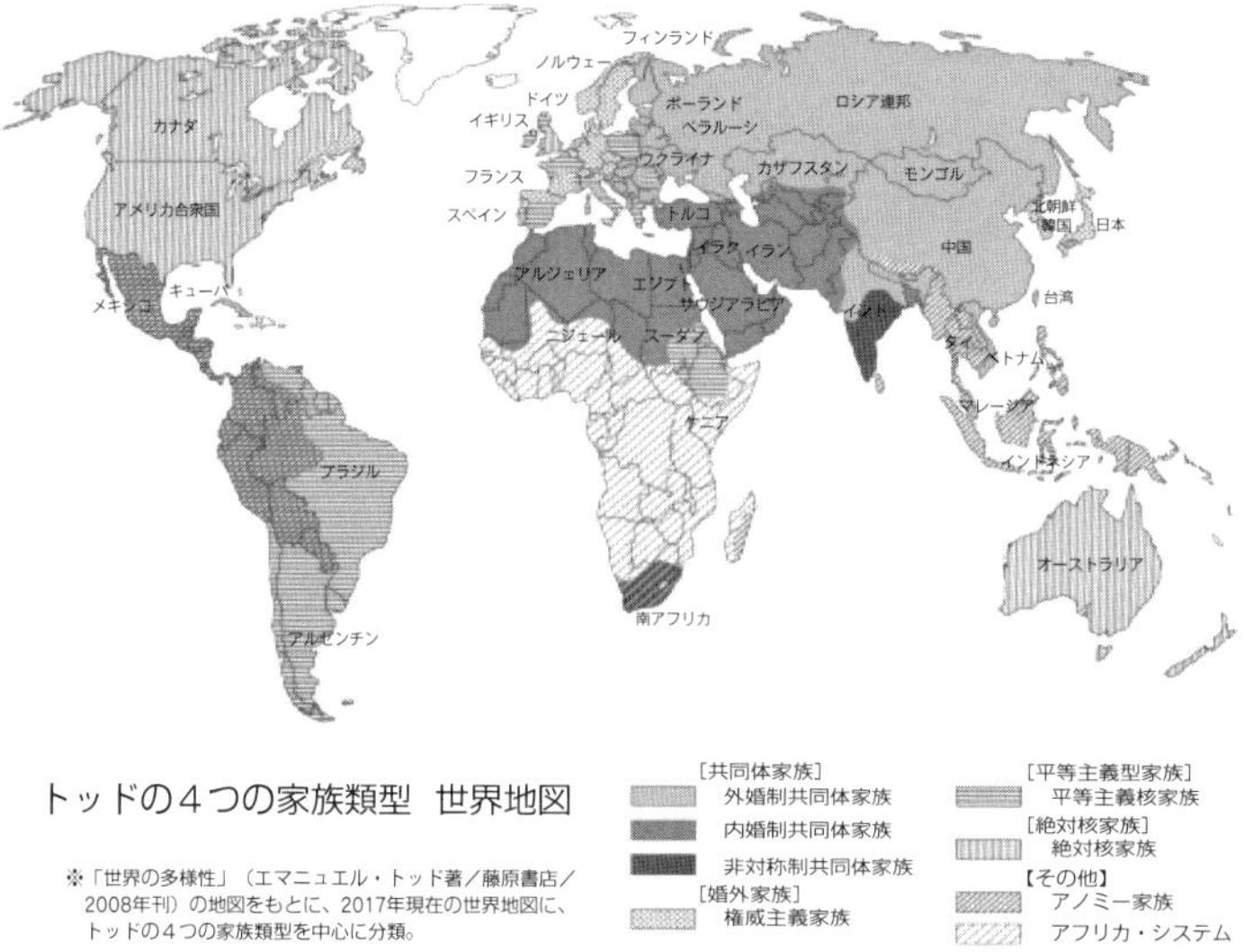

図６　世界の家族類型（トッド）

直系家族のドイツと日本は集団志向で似ている。中国とロシアは家族の規模が最大化され、専制主義や共産主義に適している、というのがトッドの家族人類学である。家族類型は、図6のように世界に分布しているという。

この分布は言語学の「周縁地域保守性」で説明できる。これは最古の類型が周縁に残り、中心ではその発展した形態になるという説で、柳田國男が『蝸牛《かぎゅう》考』で提案した仮説である。カタツムリは、近畿地方ではデデムシと呼ばれるが、中部地方と中国地方ではマイマイ、関東と四国ではカタツムリと呼ばれる。東北と九州ではツブリ、東北北部と九州西部ではナメクジと呼ばれ、全国に同心円状に分布している。[7] これは最古の形がナメクジで、それがツブリ、カタツムリ、マイマイ、デデムシと進化し、最新の形態が近畿地方に残っていると考えられる。

同じ法則が家族類型にもみられる。トッドによると、ヨーロッパに残っている核家族が狩猟採集時代から続く最古の家族類型で、そこから土地を相続するようになった農耕時代に直系家族に進化し、戦争の多かったユーラシア大陸の中心部で大規模な軍団を組織する共同体家族に進化した。

遊牧民が世界史をつくった

トッドのこの理論では核家族が最古の家族形態で、農耕時代になると直系家族に進化し、中国やロシアでは遊牧民との戦争が多かったので、多くの家族を統合する共同体家族ができた。もちろん現代では家族は大きく変化しているので、こんな単純な類型では説明できないが、人々の暗黙知（文化遺伝子）にはこういう家族形態が影響を与えている。

この発想は、梅棹忠夫の「生態史観」と似ている。図7で地域Iとされている中国とIIIのロシアが外婚制共同体家族、IIのインドとIVのイスラムが内婚制共同体家族で、日本と東ヨーロッパが直系家族、東南アジアと西ヨーロッパが核家族である。(8) ただ現代の核家族は古代とはまったく違う親との別居生活なので、古代の家族は「原始家族」とでも呼んだほうがいいかもしれない。

こうみると日本はユーラシア大陸の中でほとんど唯一、遊牧民の影響を受けていない。梅棹が日本とよく似ているとした西ヨーロッパは日本ほど平和ではなく、ゲルマン人やモンゴル人との戦争で分断された歴史がある。遊牧民は農民を皆殺しにして農産物を掠奪するので、それに対して防衛する都市国家ができたが、日本の都市には城壁がない。もちろん日本でも戦争がなかったわけではないが、それは遊牧民との殲滅戦ではなく農民や武士が領土を争う戦争で、共同体を破壊するものではなかっ

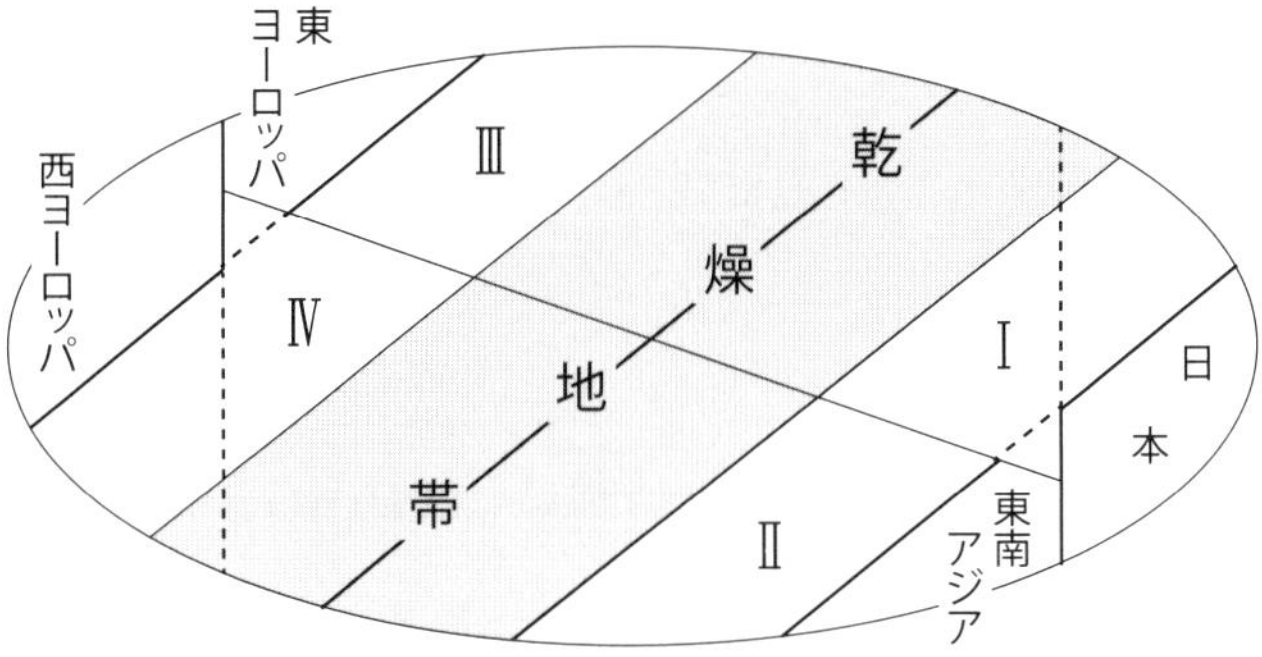

図７　文明の生態史観（梅棹忠夫）

た。

　このため中国のような中央集権国家ができず、直系家族によるボトムアップの意思決定が残った。先祖代々受け継がれる「家」のアイデンティティの根拠は農地であり、それを守る家族である。この構造は雇用慣行と相互補完的で、直系家族は長期的関係を継続し、家族の中で濃密に情報を共有して「一家意識」が強い。日本のサラリーマンは会社を「うち」と呼び、帰属意識が強い。直系家族では長男と次三男には明確な序列があるが、その序列意識は「親会社」や「下請け」という言葉に残っている。

　外婚制（近親婚の禁止）と内婚制（いとこ婚）の違いも重要である。ヨーロッパでは中世に、ローマ・カトリック教会が外婚制を定めた。外婚制と宗教には相関があり、大規模な社会ほど外婚制で、普遍主義的な宗教（道徳）をもっている。特にヨーロッパでは戦争で人口が流動化し、ばらばらの核家族からなる「開かれた社会」になったため、普遍主義的なキリスト教が共通の価値観になった。(9) ここでは抽象的なルールを知っている人がエリートとなり、学習能力の低い人は子孫を残せない。宗教の影響力がなくなっても、教育による淘汰圧が強く、客観的知識や非人格的な法で社会を支配する。

それに対して内婚制の「閉じた社会」では、地域ごとにアドホックな神を信じることが多い。その典型が日本である。古代の日本はゆるやかな内婚制で、中国の外婚制親族集団は輸入しなかった（その例外が天皇家）。戦争が少なかったので、部族を超える普遍宗教は生まれず、トップダウンで多くの部族を支配する君主も現れなかった。その代わり同じ親族集団と長期にわたって暮らすので、話し合いで合意形成し、同調圧力が強い。

国家権力をきらう「無縁」の原理

天皇や公家などの「国」の権威が男系親族集団で継承されるのに対して、実質的な権力が地方の「家」という機能集団に分散している二重支配が、中世以降の日本社会の一貫した特徴である。これは国家を統一するには適していないので、権威と権力を天皇に集中しようという動きがたまに起こる。

その一つが、一三三三年に後醍醐天皇のおこなった建武の新政だった。これは鎌倉幕府を倒し、形骸化していた官衙《かんが》（官僚機構）を再建し、天皇が実質的な権力を握ろうとするものだったが、わずか三年で崩壊し、南北朝（後醍醐は南朝）の混乱が続いた。後醍醐の政治は日本史の中では異例だったが、南朝が軍事的に圧倒的に優勢な北朝に対して六〇年も戦うことができたのは、儒教的な「名分」があったからだろう。それは中心のない二重支配の中で、名目的な天皇が実権を握ろうとする試みだった。

後醍醐は日本史では鎌倉時代と室町時代の幕間劇にすぎないが、この「異形の王権」に注目したのが網野善彦だった。(10) 彼は後醍醐が楠木正成などの悪党や非人などを動員して北朝と戦ったことを指摘する。それは農民ではなく、狩猟民や被差別民などの「無縁の民」だった。後醍醐が動員したのは、農耕社会に失われた移動民（ノマド）の自由への渇望だったのかもしれない。

「自由」という言葉は福沢諭吉がつくったもので、古来の日本語にはないが、「無縁」の意味はそれに近い。無縁の民は共同体の間を移動し、市場の交換で生活する商人や職人だった。それはヨーロッパの「アジール」と似ていたが、後者が都市国家として近代社会のエンジンになったのとは対照的に、日本の市場は領主に利用されたあげく弾圧された。悪党は多くの芸能や文化を残したが、一貫して少数派だった。網野は『無縁・公界《くがい》・楽』の最終章を「人類と「無縁」の原理」と題し、こう締めくくっている。

> 人類の最も原始的な段階、野蛮の時代には、「無縁」の原理はなお潜在し、表面には現われない。自然にまだ全く圧倒され切っている人類の中には、まだ、「無縁」「無主」も、「有縁」「有主」も未分化なのである。この状況は「原無縁」とでもいうほかあるまい。
>
> 「無縁」の原理は、その自覚化の過程として、そこから自らを区別する形で現われる。おのずとそれは、「無縁」の対立物、「有縁」「有主」を一方の極にもって登場するのである。それは、人類の定住と移動とが明瞭になり、族長の権力と原初的な奴隷——科人が出現してくる未開の段階以降のことと考えられる。

ここには原始共産制の「原無縁」から「無縁」が分化して「有縁」の世界と対立するというエンゲルス的な弁証法がみられるが、原無縁を原初的な狩猟採集社会、無縁を土地所有権のなかった縄文時代、有縁社会を農耕時代の国家と考えると、最近の考古学的な研究の結果と合致する。縄文人は定住したが、農業は始まっていなかったので、土地を私有する「有縁」や「有主」の原理はなかった。同じ集落に一〇〇〇年以上住む人々に所有権は必要ないので、贈与で秩序を維持していたと思われる。

無縁の民はなぜ自由を求めたのか

網野は日本の歴史学の「農本主義」を批判し、漁民や商人や職人などの「無縁の民」の歴史を発掘した。彼の描いたノマドの多くは食肉業、河原者、娼婦などの被差別民だった。彼らは住居をもたず、村から村に移動し、折口信夫《しのぶ》の「まれびと」のように、あるときは差別され、あるときは神聖な存在だったが、村からは隔離されていた。

網野はこれを農民と非農民という職業の問題ととらえ、非農民がいかに多かったかをいろいろなデータで示している。確かに「百姓」という言葉は農民だけでなく、あらゆる職業を含む概念だったが、少なくとも書かれた歴史の残っている時代においては農民が圧倒的多数だった。問題はそこではないのだ。

広義の人類は数百万年にわたって狩猟採集で移動していたので、脳は遺伝的には移動生活に最適化されている。同じ所にじっとしていると退屈し、監禁されることは苦痛だ。このように移動の自由を求めることが人間の遺伝的感情であり、もともと人類はすべて無縁の民だった。

日本人が定住生活するようになったのはたかだか一万二〇〇〇年前であり、遺伝的な脳の構造は変わっていない。たとえば食肉業をケガレとして禁忌とする習慣は、殺生をきらう仏教の影響であり、遊牧民にはみられない。網野がデビュー作『蒙古襲来』で研究した飛礫《つぶて》も、定住民の習慣ではない。網野はそういう衝動を体現する王権として、後醍醐天皇を描いた。

後醍醐の政治は、日本史の中では「異形」だったが、中国では皇帝がトップダウンで官僚機構を動かすのは当たり前である。網野は後醍醐が楠木正成などの「悪党」や「非人」を動員して北朝と戦ったことに注目した。彼が軍事的には圧倒的に優勢な北朝に対して六〇年も戦うことができたのは、彼を支える移動民に大きな支持があり、経済的にも大きな力をもっていたからだろう。人類の歴史の大部分を占める原無縁（狩猟採集社会）には、集落も所有権もなかった。

網野は公式的な唯物史観より、カール・マルクスがロシアの革命家、ヴェラ・ザスーリチに出した手紙に書かれていた原初的な共同体にひかれていた。そこにあるのは、近代人に理解可能な「民衆」ではなく、その「底」が抜けた先にみえてくる原初の人間存在ではないか、と彼は考えていたという。(11)古層の農民文化は訓練しないと身につかないが、自由を求める最古層の欲望は遺伝的な感情である。国家権力をきらう日本人の心の最古層には、アナーキーな縄文時代の記憶が残っているのかもしれない。

一揆は移動民の結社

一揆というと「百姓一揆」のような農民反乱を思い浮かべる人が多いと思うが、中世に生まれた初期の一揆は、契約にもとづく結社の性格が強かった。それは戦乱の続く中で農民が自衛する組織で、武士と未分化だったが、江戸時代になると定住して武士が武力を独占したので、百姓が武士に異議申し立てする百姓一揆が起こった。

しかし百姓一揆は、武士には百姓の生活が成り立つようによい政治をおこなう義務があるという「御百姓意識」にもとづく待遇改善要求であり、体制を打倒する目的はなかった。一揆は万年野党のようなもので、このとき百姓の出した最大の要求は、新たに検地をするなということだった。つまり正確に課税しないことが最大の要求だったのだ。

戦後の歴史学界で主流だったマルクス主義は一揆を階級闘争ととらえたが、中世の一揆は血縁・地縁を超えた契約ベースの結社だった。[12] それが武士と対抗する勢力になったのは戦国時代だが、当時はまだ武士と農民が階層分化しておらず、本願寺も領主の一つだった。それが織田信長に滅ぼされたのは、本願寺の側から信長を攻撃したからであって、その逆ではない。

浄土真宗（一向宗）は、親鸞の時代にはキリスト教のような普遍主義があったが、蓮如以降は現世利益的な志向を強め、世俗的な領主になろうとして敗北した。この結果、領主としての本願寺は解体され、刀狩りによって武士と農民が分化し、農民がみずから権力を取るための闘争はなくなった。これが政教分離によってキリスト教が欧州全域の精神的なインフラになった西洋との岐路だった。

かつて石山本願寺の合戦は織田信長に対する農民反乱とされ、丸山眞男は一向一揆を「古層」を超える普遍的な価値に依拠して民衆が結束した政治運動だったと高く評価したが、最近ではそういうロマンティックな見方はなくなった。本願寺は寺領という荘園の領主だったが、不輸不入の権をもち、全国統一をめざす信長にとっては、他の戦国大名と同じ敵だった。合戦が始まったころ「石山」という地名はなく「一向宗」という宗派もなかった。「一向一揆」という呼び名は、江戸時代にできたものだ。

初期の一揆は「一致」という意味の普通名詞だったが、そこには血縁や地縁を超えた新しいタイプの「縁」があった。地方から出てきて大坂に集まった都市住民には、阿弥陀仏への信仰以外に彼らを結びつけるものがなかったのだ。戦国大名が地縁に支えられた自民党のようなものだとすれば、本願寺は「無縁」の民の築いた都市国家だった。

これに対して一五七〇年、織田信長は総攻撃をおこなったが、本願寺は一〇年にわたって戦った。当時すでに全国最大の武装集団だった信長に対してこれほど長期の戦いができたのは、それが単なる寺ではなく、まわりに堀をめぐらして城壁を築いたからである。

戦ったのは武装した僧と民衆だが、彼らが同盟を結んだ大名も全国から支援に集まった。軍勢は信長の一万人に対して、本願寺は一万五〇〇〇人と対等だった。一向一揆の主体は農民ではなく、全国から集まってきた漁師、商人、職人など、網野の重視した無縁の民だった。

本願寺の戦力を支えたのは、こうした移動民の経済力だった。特に一向宗を強く信仰したのは、動物を殺して生活する被差別民だった。殺生を禁じる仏教においては、彼らは穢れた存在だったが、親鸞は彼らのような「悪人」こそ最初に往生を遂げると説いたからだ。

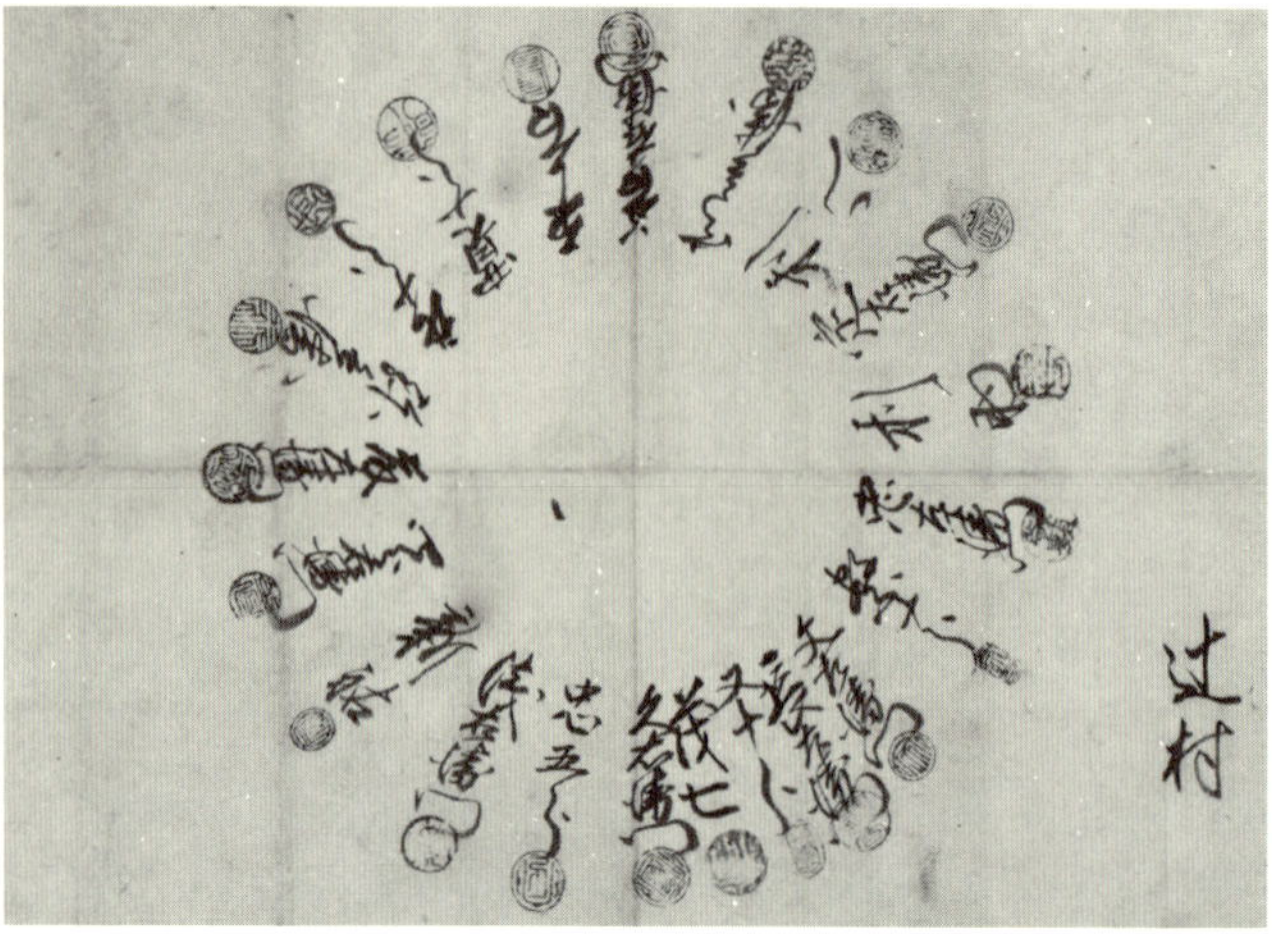

図8　傘連判（生駒市デジタルミュージアム）

ヨーロッパではキリスト教の普遍的な価値で結束した武装市民の国家が誕生したが、一向宗が挫折した日本では、武装解除された百姓が武士に秩序維持をゆだね、主従関係が固定された。ここでは年貢は反対給付のない負担であり、少ないに越したことはない。定期的に百姓一揆が起こるが、それは権力闘争ではなく、年貢をまけてもらうための「春闘」のような儀式として合法化された。

百姓一揆の連判状でよく知られる「傘連判」は、首謀者を隠して死罪になることを防ぐものだったが、誰が指導者かわからない一揆の平等主義を示している（図8）。

第六章　長い江戸時代の始まり

内藤湖南は「今日の日本を知るために日本の歴史を研究するには、古代の歴史を研究する必要はほとんどありませぬ。応仁の乱以後の歴史を知っておったらそれで沢山です」と述べた。確かに中世の荘園公領制は応仁の乱で終わり、その後は大名の一円支配による「長い江戸時代」が続いた。同時代のヨーロッパでは封建社会を統合する帝国が生まれたが、日本では各地方の大名家を超える帝国は、明治時代まで存在しなかった。

近世以降のヨーロッパでは宗教戦争が続き、都市国家が併合されて国民国家が生まれたが、日本では関ヶ原の戦いで戦国時代が凍結され、全国に三百近い「家」が分立した。それは「国家」と呼ばれ、文字通り家による国の支配だった。徳川家はそのうちの一つであり、全国の一割程度を直轄地（天領）としただけで、他の大名家には自治を許し、法律や税にも介入しなかった。そういう不安定な連邦国家で、平和が二五〇年も続いたのは驚異的である。

凍結された戦国時代

荘園制は応仁の乱で終わった。戦国時代に非公式の領主だった武士は公領と荘園の二重支配を解消し、「家」による一元支配を実現した。中でも織田信長は「天下統一」をめざしたが、それは近代的な国民国家とは違う。信長が「天下布武」（天下に武力を広める）という朱印を使い、「天下人」という言葉を使ったことは事実だが、ここでいう天下とは全国ではなく、京都を中心とする畿内のことと考えられている。(1)

そうだとすると、信長は統一国家をつくろうとしたのではなく、たかだか近畿地方のローカルな君主をめざしていたことになる。つまりのちの徳川幕府が江戸と「天領」を統治したように、京都を中心とする幕藩体制に似た体制を想定していた可能性がある。毛利元就などの大名との間では「和睦を第一とする」と述べている。毛利家が武力で反抗してきたから、制圧したのだ。

これはヨーロッパで一七世紀に主権国家ができたのと同じである。間断なく続く戦争を終わらせるには、中国のように全域を統一する国家がベストだが、ヨーロッパではそれは望めないので、都市国家の連合体として主権国家ができ、その休戦ラインとして国境ができた。各国が君主で国家を統一したのは、対外的な戦争で指揮系統を統一するためだから、対外的な戦争のなかった日本が、武力で全国を統一する必要はなかった。

日本の各藩はそれぞれ軍備と税制をもち、主権国家に近い。藩という名称は明治時代の廃藩置県のときできたもので、江戸時代までは「家」と呼ばれていた。大名家が軍備も税制も法律も独自にもち、境界を越えた人口移動を許さないしくみは、信長から幕末まで一貫している。中国が全域を統合する「大国家」だとすれば、ヨーロッパの主権国家は広域の「中国家」であり、日本は地域ごとの「小国家」だった。

大国家は政治権力のスパンが大きすぎるため、トップダウンの専制国家になるしかない。中国家は君主制か民主制で、立憲君主制のような折衷的な制度もあった。小国家の日本はボトムアップのデモクラシーしかなく、君主は天皇という記号だった。織田信長は在地領主の自律性を奪い、自分の支配下に置こうとした。彼の理想は、秦の始皇帝だったという。その中核となった政策が「国替え」で、土地に根を張った大名を「転勤」させて兵農分離をおこなう政策は大名の強い反発を呼び、信長は暗殺された。

豊臣秀吉は信長のやり残した「天下統一」をやろうとしたが、百姓出身の彼には信長のような正統性がなく、それを補うために関白など天皇家の権威を借りたが、持続可能なシステムをつくれなかった。関ヶ原の合戦以降は徳川家康が大名をまとめたが、それは信長のめざしたような絶対王制ではなく「家」の連邦国家であり、これがその後の日本の組織の原型になった。

関ヶ原で決まった権力分散

関ヶ原の合戦は東軍（徳川勢）と西軍（豊臣勢）の勢力が伯仲した天下分け目の合戦と思われているが、軍勢は圧倒的に西軍が優勢だった。家康が会津に遠征したのをねらって、石田三成などの西軍が挙兵した。東軍の徳川秀忠の軍勢が信州の真田氏を攻めあぐねている間に西軍が東進し、家康勢に迫った。このとき家康の軍勢は六〇〇〇人しかいなかったが、黒田長政などが西軍を説得して人を東軍に引き入れた。(2)

両軍が衝突した関ヶ原の合戦では、西軍は三万人の裏切りが続出したため総崩れとなり、一〇日ほどで終わった。このように「東西連合軍」で勝利したことが、のちの幕藩体制に影響を及ぼした。東軍の軍勢の八割は豊臣方だったため、その後の領地の分配でも、こうした外様に多くの領地が与えられ、徳川家は三割しか取らなかった。この比率は幕末までほとんど変わらず、徳川家は全国支配を実現できなかった。

こうした混乱にピリオドを打ったのは、家康が「休戦協定」として江戸幕府をつくったことだった。彼には全国を統一する軍事力も経済力もなかったので、多くの大名が割拠する状態を「凍結」して国家として独立させたのだ。しかし各大名は在地領主に戻ったわけではなく、転封(国替え)や改易(とりつぶし)が頻繁におこなわれ、「鉢植えの大名」と呼ばれた。これはある意味では信長的な集権化だったが、大名がこうした命令に従ったのは、もはや戦国時代のように軍事力で徳川家に対抗できる大名がいなかったからだ。

幕藩体制は多くの領邦がゆるやかに連合した「社団国家」という点では、神聖ローマ帝国やオスマン帝国に似ているが、徳川家は各藩の上に立つ皇帝ではなく、各大名と同格の領主にすぎない(3)。その中途半端な支配体制の正統性は、つねにおびやかされていた。こういう変則的な統治形態になった一つの原因は、織田信長の絶対君主的な支配が挫折したためだが、豊臣秀吉にも家康にも信長のような権威も軍事力もなく、関白や将軍など天皇家の権威に頼り、全国を統一できなかった。

このように全国的な支配者がいないまま二五〇年も戦争がなかったのは世界史上でもまれだが、これは関ヶ原の合戦による意図せざる権力分散の結果だった。全国は三百近くの藩に細分化されて人の移動が禁止され、身分制度が固定された。全国の大名家は軍も税制も別の「独立国家」だったが、規模が小さいため幕府を倒す力はなかった。関ヶ原の影響で外様大名が豊かになり、譜代大名の経済力はなかった。このように権力をもつ「家」は貧しく、経済力をもつ「家」は中枢になれない「集中排除の精神」が、結果的には平和の維持に役立った。

身分制度は士農工商といわれるが、実際にはそんな制度はなかった。商人が最下層のようにみえるが、彼らは税負担がないため経済力は最大だった。ヨーロッパでは経済力をつけた商人やブルジョアジーが貴族や官僚になって国王に対して反乱を起こしたが、幕藩体制は（結果的に）権力と経済力を分散して反権力の結集を防いだのだ。

江戸時代に長い平和が続いた原因は、ある意味では単純である。豊臣秀吉の刀狩りで始まった兵農分離を徳川家康が徹底したからだ。幕府は一六〇七年に鉄砲鍛冶を規制し、鉄砲代官の許可なく製造できないことにした。鉄砲は幕府の独占状態になり、鉄砲鍛冶は生活に困って刀鍛冶になり、武道は儀礼化して美的に洗練され、剣術を教える道場がはやった。西洋では軍事革命で大砲や爆弾などの激しい技術革新が起きていた時代に、日本人は世界にもまれな国内軍縮を実現したのだ。(4)

蕩尽で平和を守った徳川幕府

それにしても不思議なのは、よく二五〇年もこんな非効率な社会が続いたものだということだ。最大の理由は対外的な戦争がなかったという幸運だが、武士がサラリーマン化したので内戦も起こらなかった。百姓も土地にしばりつけられたので、経済は停滞したが、幕府に対抗する集団は生まれなかった。これは分散的な「社団」の連合だったヨーロッパと似ている面があり、それが明治維新で驚くほどスムーズに革命が実現した一つの理由だろう。

このような「家」の強さと固定性が日本社会の秩序のコアだが、この点では中国ともヨーロッパとも違う。中国では広大な土地を皇帝が統治したが、徴税権は各県の知事（知県）にあったので、地域ごとに税率は大きく違った。一〇世紀以降は農民も商人も自由に移動できたので、税率の高い県から退出（exit）する「足による投票」で、高い税率をかけることができなかった。これに対してヨーロッパの都市国家は城壁で守られた機能集団だったので、基本的には発言（voice）で合意を形成したが、都市間競争では退出も可能だった。

日本の「家」は機能集団だったが、直系家族で土地が世襲されたため、江戸時代には長男は土地に固定され、次三男は都市に出ていった。村の意思決定は家長の集まる寄り合いでおこなわれ、全員一致するまで徹底的に話し合いがおこなわれた。江戸時代の停滞は、権力と富の集中を防いだ制度による意図された停滞だった。

そのために徳川家は多くの巧妙な制度をつくったが、中でも重要なのが参勤交代である。これは武家諸法度で正式に決められ、各藩は石高に応じて行列を組んだ。たとえば加賀百万石の前田家は、多いときで四〇〇〇人ぐらいの家臣を江戸に連れてきた。この費用は藩の財政の三％程度だったが、江戸屋敷で家臣が暮らす費用が三〇％にのぼり、各藩の財政を圧迫した。膨大な数の武士が通る街道筋には多くの宿場町ができ、町人の雇用も創出された。参勤交代の財源は年貢で調達されたので、百姓から宿場町の町人に所得再分配がおこなわれた。

武士は長い平和の中ですることがなかったが、このような「蕩尽」の制度化で雇用が維持できた。

これは定住社会で富や権力の集中による戦争を防ぐ普遍的な方法である。結果的には一八世紀以降、人口も所得も増えなくなって経済は停滞したが、徳川家に対抗する脅威はなくなった。大きく成長したのは商業だったが、商人には課税しなかったので、武士は貧しくなって没落した。圧倒的な権力のなかった当時の日本で、武力と資本を「集中排除」することは、政治的には巧妙な手段だった。その結果、地方は均等に発展する一方、大名は江戸屋敷で交流し、江戸を中心に文化の均質化が進んだ。

幕府という「無頭の合議体」

江戸城には天守閣がない。一六五七年の明暦の大火で天守閣が焼失したあと、幕府でその対策を指揮した保科正之《ほしなまさゆき》が天守閣を再建しなかったからだ。その理由は財政難だったが、もっと重要な理由は「徳川の平和」が確立したことだろう。同時代のヨーロッパでは都市国家の戦争の中で強い国が弱い国を併合し、絶対君主が巨大な城郭で権力を誇示するために壮大な城を築いたが、徳川幕府は多くの大名の「無頭の合議体」で平和を維持した。江戸城はその無頭性を象徴している。

一六世紀までの日本は、各地の大名が分割支配する連邦国家だったので、その領主は大きな城と高い天守閣をつくった。天守閣そのものは単なる展望台で、戦争の役には立たなかったが、その威容が大名の権力と資金力を示した。徳川家は最大の大名だったので、天守閣も大坂城を上回る日本一の高さで、将軍が代替わりごとに建て替えた。

しかし明暦年間には島原の乱や由井正雪の乱も終わり、徳川家に対抗できる大名はいなくなった。むしろ都市機能が江戸に集中し、城内に全国の大名の江戸屋敷が密集したことが、明暦の大火で一〇万人もの死者が出た原因だと保科は考えた。彼は城内から大名屋敷を移転させ、過密になっていた江戸の道路を拡幅し、江戸を再開発したのだ。

徳川幕府は一種の軍事政権だったが、独裁国家ではなかった。徳川家は名目的には他の大名に優越する統治者だが、天領以外の土地からの徴税権はなく、法的・軍事的な統治権も各藩の大名にあった。したがって各藩の経済力を抑制して反乱を防ぐことが、平和を維持する上で重要だった。このために藩主の家族を「人質」として江戸屋敷に置かせ、参勤交代で財政負担を強要した。

武士は軍人だったが、一七世紀後半以降は戦争がなくなり、失業した。これが傭兵なら解雇されるところだが、武士は終身雇用だったので、その人に合わせて仕事をつくった。戦争がないので官僚の役割を武士がやるようになり、形式的な仕事をたくさんつくった。格式にこだわり、殿中の廊下を走ったというような些細な事件で切腹になることも珍しくなかった。権力が集中しないように、老中や若年寄などの役職は一ヶ月交代だった。

他方で士農工商の最下位だった商人は原則として非課税だったため、権力をもつ武士には金がなく、権力のない商人が豊かになった。これは武力と富が集中するのを防ぐ集中排除の政策だったが、金をもつ商人は遊郭や芸能などの「悪所」を楽しみ、きわめて洗練された江戸文化が発達した。ヨーロッパで戦争の続いた近世に、徳川家が二五〇年も平和を維持したのは、権力と富の集中を防ぐ「蕩尽」による意図された無頭性によるものだった。

人々が平和にのんびり暮らすという意味では、無頭の江戸時代も悪くなかったが、世界の中ではそうも行かなかった。資本を蓄積して世界に植民地を拡大するヨーロッパの侵略を防ぐには、日本も武装した中央集権国家に再編するしかなかった。それを可能にしたのは、江戸時代の長い平和の中で日本人が均質化して識字率が上がり、商人と切り離された武士（官僚）が清潔だったことだ。無駄の制度化も、無駄ではなかったのだ。

喧嘩両成敗の法治主義

武士の社会で重視されたのは「自力救済」だった。これは世界中どこにもある「やられたらやり返す」という復讐で、これを放置すると際限なく「親の敵討ち」が続き、最悪の場合は戦争に発展する。そこでいろいろな紛争解決手段が試みられたが、その一つが本人切腹制である。これは殺人が家と家の紛争に発展しないように、加害者本人だけを切腹に処すことで収拾し、家は責任を負わない制度だった。

しかしこのように個人レベルで紛争が終わることは少なく、家と家との争いになることが多かった。そのとき採用されたのが、故戦防戦法と呼ばれるルールで、戦争を仕掛けた「故戦」の側を重く罰し、防戦した側を軽い刑にするものだ。これに対して、どっちが仕掛けたかを問わないで、両方を罰するのが「喧嘩両成敗」である。[5] これはすべての紛争をなぁなぁですませるルールではなく、次の二つの原則である（今川家の例）。

・喧嘩した者は理非を論ぜず、両方とも死罪
・攻撃されても応戦しなかった負傷者は勝訴

このルールのもとでは、攻撃された被害者は応戦しないで裁判に訴えるインセンティブをもつ。故戦防戦法では応戦することが合理的だが、喧嘩両成敗法では、反撃しないで裁判に持ち込めば一〇〇％勝てるからだ。このように人々が複数のルールの中から裁判（喧嘩両成敗）を選択した結果、これが紛争を最小化するルールとして定着した。

ただ一律に両方を死罪にする喧嘩両成敗はかなり乱暴なルールなので、公式に制定した藩は少ない。裁判が社会的に定着すれば、それを選択させるインセンティブは必要ないので、江戸幕府も喧嘩両成敗を公式には制定しなかったが、暗黙のルールとしては、喧嘩両成敗は多くの訴訟に適用された。

その代表が忠臣蔵である。そもそも浅野内匠頭《あさのたくみのかみ》に切腹を命じたのは幕府による裁判なのだから、敵討ちは成立しない。討ち入りするなら江戸城にすべきだが、なぜか赤穂浪士は吉良上野介《きらこうずけのすけ》の家に討ち入りし、吉良家もお家断絶になってしまう。これは単純な喧嘩両成敗ではなく、幕府の法秩序を守るために復讐を厳罰に処す法治主義だった。江戸時代の平和を守ったのは「和の心」ではなく、自力救済の悪循環を避ける法秩序だったのだ。

主君押込の構造

幕藩体制では各藩が独立していたので、領主が専制君主のようにふるまうこともあった。たとえば岡崎藩の場合、一七三七年に藩主の水野忠辰《みずのただとき》は一四歳で家督を継いだが、儒学を学んで藩政を刷新しようとし、家臣を無視して下級武士を側近に抜擢した。今でいえば「官邸主導」だが、これには家老を初めとする官僚機構が反発して業務をボイコットし、一般の家臣団も同調した。

孤立した忠辰は側近をすべて解任し、藩政から身を引いて吉原などで遊興に公金を浪費するようになった。これに対して一七五一年、家臣団は忠辰を取り囲んで大小の刀を取り上げ、座敷牢に押し込めた。このように家臣がバカ殿を幽閉する「主君押込《しゅくんおしこめ》」は、記録にほとんど残っておらず、主君が自発的に「隠居」したことになっている場合が多いが、慣行としてかなり広くおこなわれ、幕府も追認していたと推定されている。(6)

戦国時代には下剋上によって多くの戦国大名が登場したが、徳川幕府は各藩の中では君臣秩序を固定し、こうした反乱を禁止した。押込は下剋上とは違って、家臣が主君に取って代わるクーデタではなかった。初期には家臣が藩主を暗殺する場合もあったが、幕藩体制が安定するにつれて家臣が幕府に申し出て、幕府が藩主を処分する事件が増えた。これは「お家の恥」なので、内密におこなわれることが多いが、水野忠辰のように二〇代で「隠居」したり養子をとって跡継ぎにしたりする不自然な代替わりは、押込に類するものだろう。

その原因には文字通りバカ殿の不正行為と、改革派の藩主に対する守旧派の家臣の抵抗がある。前者の典型は黒羽藩の事件で、これは藩主に跡継ぎがなかったため養子（大関増徳）をとったところ、彼が妻を離縁して藩を乗っ取ってしまった。これに対して家臣が増徳に引退を要請し、彼がこれを受け入れなかったため、座敷牢に監禁した。

他方、出羽上山藩の場合は、藩の財政が窮乏化したため、藩主の松平信亨《まつだいらのぶつら》が新法を制定して増税するため検地しようとしたのに対して百姓が一揆を起こし、家中でも新法に反対する動きが強まって新法は廃止された。このため信亨は政治から身を引き、家財を売り払って遊興に明け暮れ、家禄の支払いも滞るようになったので、家臣は信亨を「隠居」させた。

他にも藩主が財政改革をしようとして家臣に妨害され、遊びほうけるバカ殿になって隠居させられたという事件は多い。異なる立場の文書が残っていて、改革だったのか独裁だったのか真相はわからないが、共通しているのは藩主が専制君主になることは許されなかったということだ。最終的に執行するときの家老のせりふも「御身持ち宜しからず、暫く御慎みあるべし」などと定型化し、寝込みを襲って大小の刀を取り上げて監禁するなど、やりかたも似ていることから、かなり普遍的な慣行になっていたと思われる。

「お家騒動」と呼ばれている事件の多くの実態は、こういう押込に近いものだったと思われるが、最終的には幕府が介入するケースも多い。君臣秩序から考えると一方的に家臣が処罰されそうなものだが、意外に幕府も（クーデタに発展しない限り）家臣に正当な理由があるときは押込を黙認する場合が多かった。

これは「王殺し」に似ているが、儒教的秩序と日本の「家」システムの違いがあらわれている。儒教では皇帝（天子）は絶対であり、その命令を拒む者は（たとえ正当な理由があっても）殺される。天子が「天理」に反する場合は、易姓革命によって国家秩序そのものをくつがえさなければならない。これに対して日本では、天皇はそういう実権をもってはならず、家臣の「みこし」に乗っているので革命は必要なく、政権は摂政・関白・将軍などの家臣団の合意にもとづいて運営される。この意味では、天皇家は天武天皇を最後に押し込められたまま、名目的な君主の地位を維持してきたともいえる。

稟議というデモクラシー

室町から戦国時代は、日本の歴史では例外的に下剋上という「反乱」が頻発した時代だった。それがヨーロッパのような大規模な内戦に発展すれば、国家を統合する絶対王制が生まれたかもしれないが、幸か不幸か内戦は一六〇〇年で休戦状態になり、そのまま戦国時代の秩序が「凍結」された。

世界に類をみない日本の役所や企業の慣習に、稟議がある。たとえば役所の法案は課長補佐が起案し、課長が関係各課と調整して稟議書を回し、局長が政治家に持って行く。公式の職階では最下層の官僚からボトムアップで意思決定がおこなわれ、事務次官まで上がったときは拒否できない。ここにも弥生時代以来のデモクラシーが生きていた。

これは江戸時代にできた制度だが、こういう奇妙な意思決定がおこなわれる構造は「押込」と共通している。あらかじめ合意形成するため、たとえば裁判に関する制度は町奉行が起案し、多くの関係者が稟議書に署名捺印して、大名が最終的に決定した。これはきわめて民主的で紛争は少ないが、意思決定が行政の中で完結する行政一元構造なので、部分最適になりやすい。ほぼ同時期のヨーロッパには国王と封建領主の対立があり、領主が国王を法的に拘束する立法機関としての議会ができたのに対して、日本にはそういう対立がなかったので、行政の内部で処理する稟議ができた。(7)

「家」システムは在地領主としての武士の統治構造として鎌倉時代から続いてきたが、ここでは各大名の支配は自律性が強く、幕府は大名の統治を「安堵」して正統化し、彼らをゆるやかにまとめるとともに紛争を処理する機関だった。ただ室町幕府の支配がゆらぐと戦国大名の戦争が激化し、こうした家をもう一つ上のレベルで統合する「天下統一」が必要になった。それを実現したのが織田信長だったが、彼は暗殺されたため、その後の徳川家康は全国を統一しないで秩序を凍結した。このとき各「家」を自己完結的な単位として人の交流を止めた。

このため大名家（藩）は、終身雇用のきわめて流動性の低い組織になり、紛争をすべて内部で処理するようになった。議会制度では党派的な紛争が起こり、妥協や交渉が必要になるが、行政一元システムでは問題が内部でスムーズに処理できる。しかも現場の意思が反映されやすいので自発性が高く、士気が保てる。この意味では、武家の意思決定は「個」としての主体性を尊重するものともいえよう。

権力の分散する「ジャンケン国家」

日本国憲法は国会を「国権の最高機関」と定め、国会議員は官僚に命令する立場だが、官僚は民間の業者に対しては法令で「指導」できる。その業者は自民党の政治家を票や金で支援して動かせる。三者はジャンケンのグー・チョキ・パーのような関係で、ここで政治家を公家、官僚を武士、業者を商人と置き換えれば、今も日本はジャンケン国家である。こういう関係を磯田道史は「ジャンケン国家」と呼ぶ。(8)

江戸時代の公家には権威があったが武力も財力もなく、武士には武力があったが権威も財力もなく、商人には財力があったが権威も武力もなかった。ここでは公家と武士と商人の三者の権力集中を排除するだけでなく、かつて徳川家のライバルだった戦国大名を支配下に置くことが重要だった。徳川家には全国を直接統治する権力はなかったので、各大名は独自の軍事力と立法権と徴税権をもち、所領を支配する。それは「所領を安堵」する幕府の「御恩」による支配であり、幕府は大名を支配する絶対君主ではない。

このように戦国時代の内戦を凍結し、大名の領主としての権力で全国を間接支配しながら、彼らの武力が幕府に向かわないようにするため、幕藩体制の統治技術が動員された。大名を土地に定着させないため、転封や改易が頻繁におこなわれたため、大名は在地領主としての力を失い、政治は安定したが経済は停滞した。

当時、徳川家は「公儀」と呼ばれ、大名家は「国家」と呼ばれた。国家という概念は、伝統的な中国にはない。「国」という字は明や清などの王朝を示す言葉で、それを超える普遍的なstateの概念は中国にはなかったのだ。明治政府が徳川家を「幕府」と呼ぶようになったのは公的な正統性をもたないという意味だったが、公儀は私的な支配ではなかった。国とは家だが、それは個人としての大名を超える連続性と正統性をもつ法人に近い。

明治国家の「裏の国体」である官僚支配の原型は、江戸時代にできていた。実質的な支配者である公儀（徳川家）とは別に、京都に禁裏（天皇）があり、彼らの与える官位が形式的な権威をもっていたからだ。禁裏の経済力は小さかったが、その権威は公儀にとって必要だった。単なる暴力集団である武士には、正統性がなかったからだ。

戦争のときは安全を守ることがもっとも重要な公共サービスだが、平和になると暴力は不要になるので、軍人には他国と戦争して雇用を生み出すインセンティブが生まれる。これが近代ヨーロッパで戦争の続いた一つの原因だが、対外的な戦争のなかった日本では軍備の必要がなくなり、武士は事務作業をおこなう官僚になった。

幕末に出世したのは武道にすぐれた武士ではなく、算術や語学のできる事務能力のある官僚だったが、それを支える公儀の公共性はあやしく、それを禁裏の名誉体系が正統化する双頭の政治体制ができた。それは神聖ローマ帝国の皇帝の権力をローマ法王が正統化したシステムに似ているが、禁裏にはキリスト教神学のような教義はなかった。

そこで儒学が公儀の正統化に使われたが、その正統の概念は公儀の自己否定になった。日本の唯一の君主は万世一系の天皇であり、徳川家は天皇家から権力を与えられた代理人たる「幕府」にすぎないという水戸学が生まれ、それが「本来の支配者たる天皇家に権力を奉還すべきだ」という尊王思想の原型になった。この奇妙な思想を多くの武士が信じていたかどうかは疑問だが、それが「王政復古」の根拠になったことは事実である。

明治国家も、絶対的な君主であるはずの天皇には実権がなく、実権をもつ長州閥には法的根拠がなく、法的根拠のある帝国議会は天皇の決定に「協賛」するだけというジャンケン国家であり、誰が本当の主権者かは不明だった。それは国内の権力のバランスを保って平和を維持するシステムとしてはすぐれているが、非常事態で誰が決断するかが決まっていないので、対外的な戦争には弱い。戦後八〇年近くのんきなジャンケンを続けることができたのは、アメリカという「裏の主権者」がいたからである。

東アジアの中で、日本は世襲がもっとも長く続いた国である。中国では一〇世紀ごろから、科挙によって実力主義の官僚制ができたが、それは日本には輸入されなかった。その最大の原因は、同じ時期に日本社会で発達した「家」の原理と相容れなかったからだろう。古代社会は小さな親族集団の連合体を天皇を中心とする「氏」としてまとめるしくみだったが、中世以降の「家」は武士を中心とする超血縁的な機能集団だった。そのリーダーは長男が世襲することになっていたが、男が生まれなければ他の家から養子をとることは珍しくなかった。問題はＤＮＡの連続性ではなく、家の連続性だったのだ。

中世の農業は比較的大規模な惣村を単位として経営されたが、近世以降は「家」の直系家族を単位として経営されるようになった。農業生産性が上がり、長時間働いた農民はその収穫をえられるようになったのでインセンティブは強まり、長時間労働で果てしなく働く勤勉革命のエートスが生まれた。これは速水融が、日本では資本集約的な「産業革命」(industrial revolution) ではなく労働集約的な勤勉革命 (industrious revolution) が起こったというしゃれだが、最近では東アジア全体にあったといわれている。(9)

日本のＧＤＰ（国内総生産）は人口で割ると世界二〇位以下になったが、平地面積で割ると世界一である（香港やシンガポールなどの都市国家を除く）。それぞれの田は共有で、「田越し灌漑」によって緊密にむすびついていたため、農民どうしのつきあいも親密で、喧嘩はできなかった。一時的にでも争って水を止められると、田が干上がってしまうので、どんなことがあっても争わないことが日本社会の規範になった。

ここでは「現場」が重視され、労働者の企業特殊的な熟練を受け継ぐ伝統が続いてきた。この意味で「家」は地縁集団だが、一種のアソシエーション（社団）だった。日本の企業はサラリーマン経営者と労働者の「家」を超える資本家を拒否する協同組合だが、問題はなぜそういう協同組合が長く続いたのかということだ。

本来の意味での親族集団では大組織はできないので、それを統合する血縁以外の原理が必要である。それが中国では宗族で、これは共通の先祖という物語で結びついている。それに対してヨーロッパでは「神」が親族集団を超える普遍的原理になった。これも古代ローマ帝国では各地ばらばらだったが、それをまとめるキリスト教という一神教が生まれ、言語も文化も違うヨーロッパの各地域をゆるやかにまとめた。

日本の「家」は、そのどちらとも違う。擬似親族集団という点では宗族に似ているが、姓はあまり意味をもたず、分家すると勝手に苗字を名乗り、長男が無能だと婿養子をとる。忠誠の対象は主君ではなく、先祖代々受け継いだ「名」である。「家」には儒学のような学問体系もキリスト教のような教義もなく、その根拠は互いに顔見知りだという「古い脳」の機能である。

中国にも「家」の概念はあるが宗族のことで、同姓の親族が結婚後も家にとどまり、多くの家族が共同体を形成する（トッドの分類でいうと）「共同体家族」である。ここでは共同体の根幹は「気」と呼ばれる父系の血縁で、男系男子で継承されるものだ。男系の皇統は、この中国の伝統である。

それに対して日本では、古代には双系の核家族だったので、血縁へのこだわりがほとんどなかった。王権でも天照大神や卑弥呼など女系の伝統が強く、男系男子の皇統に従って歴史を書いたのは、七二〇年の『日本書紀』が最初である。その後も平安時代には藤原氏が摂政・関白として実質的な君主となり、天皇はそこに婿入りした。中世以降は武士が君主になったが、彼らは天皇を倒さなかった。日本社会を動かしているのは、儒教的な男系男子の皇統ではなく、離合集散する核家族の集合体としての「家」だったからだ。

「正社員」としての百姓

戦国時代の農村は貧しく、人口の流動性も大きかったが、江戸時代になって生活が安定すると勤勉革命で労働生産性が向上し、新たな土地の開墾も増えて、一七世紀には人口が急増した。この生産の単位になっていたのは「家」ではなく「村」だった。村（惣村）の中核となったのは、百姓（惣百姓）である。これは各戸から一人ずつ選ばれた成年男子に限られ、メンバーに加入するには他の百姓の承認が必要だった。彼らは寄り合いで民主的に意思決定をおこない、庄屋（名主）もその決定を尊重した。百姓は、江戸時代の「正社員」だったのだ。(10)

年貢は「村請」で村ごとに課税されたので、村は自治体だった。税負担を村内でどう分配するかは庄屋の裁量だったが、これも百姓が承認しないと課税できなかった。また村内の紛争や土地の移転などの問題も、百姓が管理した。村はボトムアップの「労働者管理企業」だった。一七世紀の農業経営はまだ不安定で、破綻して飢えに直面する家も少なくなかったので、頼母子講《たのもしこう》などの相互扶助組織が発達した。(11)

こうした金融機能や土地などの生産要素の配分も、百姓の合意によっておこなわれた。債務不履行には厳格な処罰がおこなわれたが、質流れになった土地も百姓の承認を得れば取り戻すことができた。各藩は村の自治を尊重し、紛争は村同士の話し合いで決めるのが原則だった。しかし村と村の間で入会地などをめぐって訴訟が起こると、村役人から郡奉行に伺いが出され、彼が家老に伺いを出し、稟議書で承認された。ここでも徹底してボトムアップで問題が解決された。

しかし一八世紀になって長い平和と労働生産性の向上で飢えから解放されると、村の中で「家」の自律性が強まり、百姓の力が弱まる。土地も各戸ごとに分割され、近代的な所有権に近くなったが、百姓は村にしばりつけられていたので、これが労働生産性向上の限界になった。一八世紀に人口増加は止まり、村は停滞期に入る。

印象的なのは、上の文章で百姓→正社員、村→会社、村役人→官僚などと置き換えると、現代にほとんど同じ行動様式が温存されていることだ。長時間労働で効率は極限まで高められ、相互扶助で分配の平等も守られ、ボトムアップの合意が尊重されるが、全体最適は誰もみていない。ここでは村や藩の境界を厳格に守る非流動性が、秩序維持のメカニズムになっている。この文化遺伝子が現代まで継承されているのは、村の「空気」に同調しない人々が「村八分」になる（出世できない）社会的淘汰によるものと思われる。

江戸時代の百姓は「生かさぬよう殺さぬよう」領主にいじめられていたというイメージがあるが、一八世紀前半までは土地が開墾されて人口も増え、本百姓（自作農）を中心とする「村請」による村落共同体の自治が確立した。初期の徳川幕府は軍事政権の性格を残していたが、人口増加で災害の被害が増え、餓死や逃散が増えた。特に一七八〇年代の天明の大飢饉では、東北地方の人口の二割近くが死亡したという。こうした災害で本百姓が没落する一方、豪農が広域的な土地を支配する地主になり、階層分化が進んだ。

飢饉で年貢が減ったので、領主は百姓を救済して税収を確保した。それが「百姓成り立ち」という制度だった。その方法には「夫食貸《ふじきがし》」と呼ばれる生活補助や「種貸」と呼ばれる生産補助などがあったが、公的補助の分配を決めたのは、領主支配を代行する「取締役」と呼ばれる地主だった。領主の仕事の中心は、戦争から「御救い」と呼ばれる社会保障に移った。これによって中世以来の領主・名主・百姓という惣村のピラミッド構造が崩れ、複数の村にまたがる地主が勃興した。彼らは中間層として政治・経済のコアになり、領主支配が弱体化する中で、実質的な統治者になった。と言ってもそれは暴力による支配ではなく、いわばサラリーマン経営者のようなもので、飢餓線上にあった百姓は小作農としてその庇護のもとに置かれた。

武士の「自己窮乏化」

江戸時代の長い平和は世界に誇るべき歴史だが、さすがに同じ政権が二五〇年も続くと、社会が停滞した。一六〇〇年には一二〇〇万人程度だった日本の人口は、一七二一年には三一〇〇万人に増えたが、そのあと人口増は止まり、一八四六年には三二〇〇万人にしかなっていない。前半の人口増と急成長の原因は、市場経済だった。一五世紀後半から続いた戦乱が収まり、平和が実現したため、労働集約的な農業の生産性が上がった。

これに対して、後半ぴたっと人口増も成長も止まった一つの原因は、間引きだった。人口爆発で農地が不足したため、堕胎や「子返し」と呼ばれる嬰児殺しが、なかば公然とおこなわれた。「姥捨て」は深沢七郎の小説『楢山節考』のフィクションで、現実におこなわれた口減らしは子殺しだった。

停滞のもう一つの原因は、幕藩体制による既得権の固定化である。徴税の基準となる石高は一七〇〇年ごろ凍結され、これが既得権になった。再測量には農民が百姓一揆で抵抗したので、下級武士の生活は困窮した。戦争もなくなったので、失業した武士は（武器としては意味のない）剣道などに励むようになった。

こうした武士の窮状を描いたのが、ベストセラー『武士の家計簿』である。その素材は、猪山家という加賀藩の「御算用者」（会計係）の家計を幕末から明治初期まで三七年にわたって詳細に記した文書である。[12] 猪山家はもともと格の高い家ではなかったが、幕末には各藩の財政が苦しくなり、財務の専門家が出世した。いわば「理系」の実力派エリートだが、その家でも借金が年収の二倍もあり、金利が年一八％もあったので、猪山家は破産の危機に直面した。

そこで一八四二年に家財道具をすべて売却して借金を返済し、破産を逃れた。猪山家のようなエリートでこうなのだから、下級士族は水呑百姓より貧しかった。各藩の財政も困窮して俸禄（賃金）の遅配や減額が増え、武士はもはや特権ではなく、商売も農業もできない不自由な貧民だった。

幕藩体制が腐敗しなかった最大の原因は、このように実効税率が下がったために武士が窮乏化したことだ。図9のように徳川幕府が始まったころは農業生産高の二〇％ぐらいあった年貢の実効税率は、幕末には五％足らずになり、各藩の債務は年貢の約三年分になった。[13] このため廃藩置県で各藩の徴税権を明治政府が奪うと同時に債務も肩代わりしたとき、ほとんどの大名は喜んで徴税権を手放したの

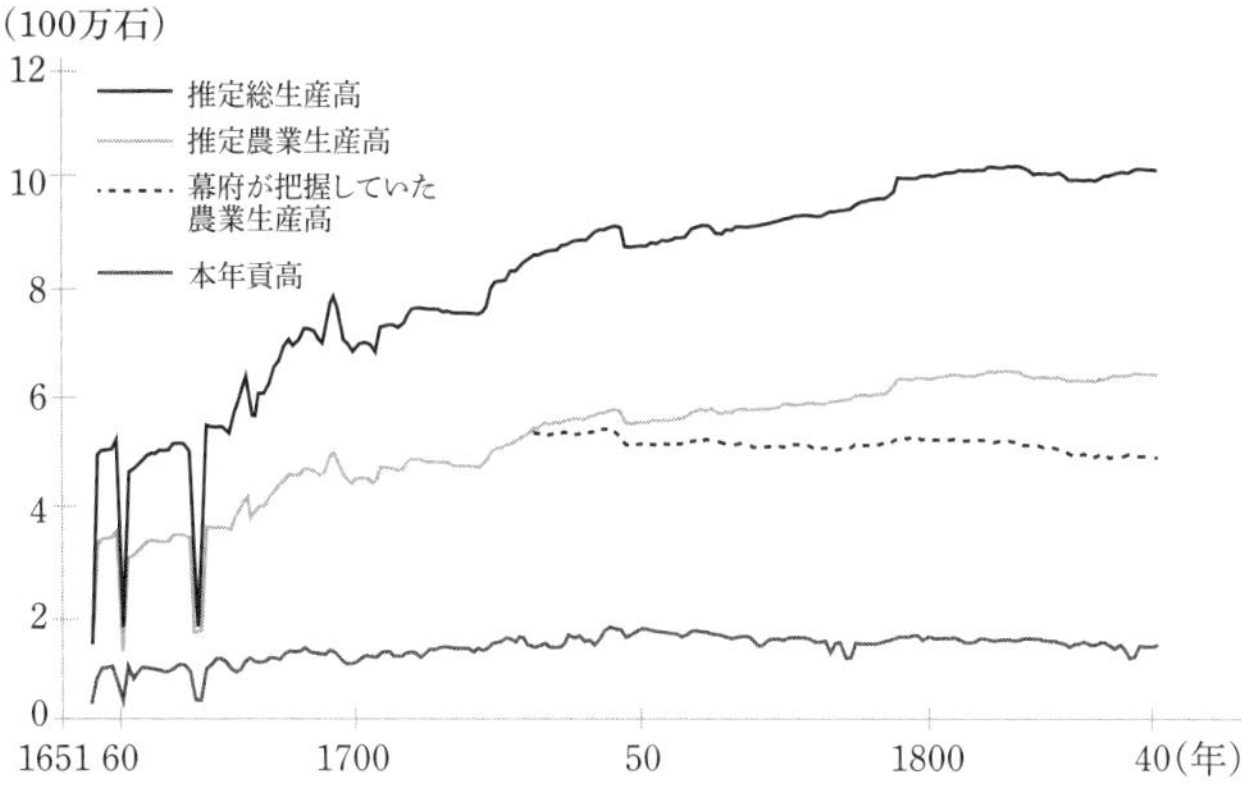

図9　江戸時代の実効税率（深尾ほか）

だ。

しかし大名は、なぜこのような「自己窮乏化政策」をとったのだろうか。その一つの原因は一八世紀以降、検地ができなくなったことだ。農地が増えて農業生産は三倍ぐらいになったが、大名が年貢を取れる面積はほとんど増えなかった。それは検地をしようとすると、百姓一揆が起こったからだ。その首謀者は処刑されたが、検地は取りやめになった。土地に根ざした農民の既得権が強まり、城下町にいる大名がそれを実効支配できなくなったのだ。

もう一つは、農民以外から徴税できなかったことだ。納税の原則が物納（米）だったので、農業以外の商業・工業から（ごく一部の株仲間を除いて）徴税できなかった。一九世紀まで現物経済を続けた国は、世界的にも明ぐらいしか残っていなかったが、おかげで商人は豊かになり、大名に賄賂を贈って税を逃れた。

しかし幕末になると、下級武士は貧民になってしまい、彼らの上級武士へのルサンチマンが革命の原動力になった。このとき彼らを鼓舞したイデオロギーが「幕府は本来の権力ではなく、天皇家の地位を簒奪した」という水戸学の皇国史観で、それをテロリズムにしたのが尊王攘夷だった。その意味で幕府の崩壊は必然だったが、その革命があれほど平和的にできたのは、それまで一〇〇年以上、多くの貧しい武士が怒りを蓄積したためだろう。明治維新は、先送りの得意な日本人が貧しさによって「これ以上は先送りできない」というところまで追い詰められたことによる革命だった。

水戸学と尊王攘夷

下級武士の革命のシンボルになった天皇は、江戸時代には貧しい公家の一つで「＊＊天皇」という諡さえなかった。天皇が国家の象徴になったのは儒学の影響だが、本来の儒学では中国の皇帝以外は「夷狄」なので、ミカド家が天皇を自称するのは僭称だった。

この正統性は江戸時代の儒学者の論争のテーマで、そこから生まれたのが水戸学だった。ここでは古来の天皇が日本の正統な君主で、将軍家はその地位を簒奪したという儒教的な価値観で歴史が編纂され、それが尊王攘夷という排外主義になった。その元祖が会沢正志斎《あいざわせいしさい》や藤田東湖《ふじたとうこ》などの後期水戸学で、ここには一種の国民意識があった。

江戸時代までの「いくさ」は各藩の紛争であり、それを防ぐために武士を農村から切り離して城下町に集めたが、これでは対外的な戦争はできない。そこで会沢が提案したのは、武士を農村に返して国土を防衛し、一国一城制や参勤交代を廃止する改革だった。藤田の『弘道館記述義』は、儒学だけでなく本居宣長《もとおりのりなが》の国学を取り入れ、「やまとごころ」による国家の統一を考えた。これは西洋的な主権国家とは違い、天皇が絶対君主のような権力をもつのではなく、人々が天皇を中心にして精神的に一つになるというイメージだった。

水戸学は、あくまでも幕藩体制を補完するシンボルとして天皇を考えたのであり、幕府そのものを打倒することは考えていなかった。それに対して明確な倒幕の方針を打ち出したのが、吉田松陰以降の尊王攘夷だった。松陰の思想は水戸学より一歩進んで身分制度を否定し、「一君万民」の儒学に近い革命思想だった。

その意味で水戸学が明治維新の思想といえるが、水戸藩は明治維新でほとんど役割を果たしていない。藤田が安政の大地震で死去したあと派閥抗争が強まり、天狗党の乱で自滅したからだ。水戸学は尊王思想以外に具体的な政策のほとんどないカルトみたいなもので、これで政権を維持することは不可能だった。天皇という「機械仕掛けの神」で統一国家を作り出す尊王思想は、近代国家のナショナリズムとは似て非なるものだ。

そこで人々を統合するのは、国民（ネーション）としての意識ではなく天皇という記号で、国家の中身は何でもよかった。日本の伝統から乖離した儒教的概念だった皇国史観は、伝統にはなれなかったので、第二次大戦後、あっけなく崩壊した。縄文時代以来、超越的なリーダーを拒否する日本人にとって、西洋の絶対君主をまねた明治の天皇制はなじみのないものであり、その心には根づかなかったのだ。

IV 近代国家との遭遇

第七章　明治国家という奇蹟

江戸時代の長い平和が維持できた最大の原因は、現物経済で移動を禁止し、余剰生産力を資本蓄積に使わなかったことである。武力も中央集権国家が独占せず、全国三百の武装した「家」が分立し、参勤交代のような無駄な儀式でエネルギーを浪費した。それは剰余を蕩尽して不平等をなくし、権力の集中を防いで平和を維持するバタイユ的秩序であり、定住社会では普遍的なシステムだった。

しかし同時代のヨーロッパでは、資本主義という例外的なシステムが生まれた。それは剰余を蕩尽しないで資本として蓄積し、武力で全世界に植民地を拡大して掠奪した富を増殖して、ピーク時には世界の陸地の八〇％を支配した。その中で資本主義をまったく知らなかった日本が初めて近代国家と遭遇し、植民地支配されないで生き残ったのは奇蹟に近いが、その原因は何だったのか。

長州が戦国時代を解凍した

安倍晋三元首相の国葬で、菅義偉《すがよしひで》元首相の読んだ弔辞は多くの人に感銘を与えた。彼が引用した山《やま》縣《がた》有朋《ありとも》の伊藤博文に対する惜別の辞は、近代化において長州のもつ二つの面をよく示している。伊藤は憲法や政党政治などの「表の顔」だったが、山縣は軍閥や元老などの「裏の顔」だった。

かたりあひて尽しし人は先立ちぬ　今より後の世をいかにせむ

「徳川の平和」の中で暮らしていた日本人の中で、長州は異質だった。古代から大陸と交流があり、大内氏は百済王家の子孫だった。毛利家は関ヶ原の戦いで西軍の総大将となったため、敗北して本州の西端に押し込められた。中国八ヶ国一二〇万石の大名から二ヶ国三六万石に減封され、その後も幕府から冷遇された。この恨みは深く、毛利家では毎年、新年の宴の席で家老が藩主に「徳川追討の件、今年はいかがいたしましょうか」と問い、藩主が「いや、その件は来年に延期するとしよう」と答える儀式があったという逸話がある。

戦国時代を凍結した徳川家は、全国の大名家を武装解除して平和を維持したが、毛利家は独自の軍事力を蓄積し、権力を奪回するチャンスをうかがっていた。徳川幕府が倒れたのは稲作だけに依存し、商品経済に取り残されて財政が破綻した結果だが、長州は商品経済や金融で富を蓄積し、イギリスから資金も借りていた。稲作だけのモノカルチャーを脱却し、桑や綿などの商品作物で生産力を上げた。これを年貢とは別の「撫育方《ぶいくかた》」という特別会計にし、その存在を幕府にも民衆にも隠した。この裏金を使って、関ヶ原以来の宿願だった倒幕の資金を蓄積したのだ。

長州は下関戦争など海外との戦争も経験し、幕府の軍事力ではとても西洋諸国に勝てないことを知っていた。尊王攘夷は長州の思想ではなく、水戸藩の思想である。吉田松蔭は身分制度を否定し、「一君万民」の儒学に近い革命思想を唱えたが、その内容は水戸学を出るものではなかった。

明治維新は水戸学とは逆の欧化思想だったが、徳川家定の後継将軍として水戸家が一橋家の徳川慶《よし》喜《のぶ》を推したのに対して、家定の側近だった井伊直弼《いいなおすけ》などがこれを将軍家を紀州から奪う陰謀と誤解し、慶喜を擁立した尊王攘夷派を弾圧した。この「安政の大獄」が尊王攘夷派を蜂起させ、本来の君主である天皇に政権を返す大政奉還という形になった。(1)

明治政府が幕藩体制を超えるナショナルな権威として担ぎ出したのが天皇だったが、当時の農民は天皇の存在も知らなかった。江戸時代の天皇には謚がなく、仕事は暦を決めるだけだった。実権をもつ君主ならとうの昔に倒されていたはずだが、古代から天皇は祭祀をつかさどるだけの名目的な存在で意思決定はしないという合意が成り立っていたので、天命を革める「易姓革命」を起こす必要はなかった。

現代の保守派は明治期の天皇制を遡及して天皇を語るが、歴史の大部分では天皇の役割は儀礼的なものだった。『太平記』は高師直《こうのもろなお》（足利尊氏の側近）が「王（天皇）や院（上皇）は必要なら木彫りや金の像で作り、生きているそれは流してしまえ」と言ったと伝えている。(2) こういう感覚は古代から普遍的で、むしろ天皇が絶対君主のような主権をもった明治期が特異な時代だった。その原因は水戸学に始まる尊王攘夷思想が長州に利用され、日本を国民国家として統合するイデオロギーになったことだろう。

廃藩置県は「居抜きの革命」

日本の歴史上、王権の交代という本来の意味での革命（易姓革命）は一度も起こらなかった。天皇という名目上の君主が連続していたため、政権の移行は天皇を温存したまま実権が交代する「国」と「家」の二重支配でおこなわれた。明治維新は革命にもっとも近い政変だったが、その実態は薩長によるクーデタであり、彼らが強調したのは「万世一系の天皇」の連続性だった。このような保守的な性格は、犠牲の最小化を可能にした。

革命は内戦だから、初期には命知らずの過激派が主導権を握ることが多い。フランス革命でも過激派のジャコバン党が政権をとり、ロシア革命でも暴力革命を実行したボルシェヴィキが政権をとったが、過激派は体制を維持する官僚機構をもっていないので、内戦で自壊することが多い。日本でも吉田松陰のような尊王攘夷の過激派が政権の中枢に入っていたら内戦が続いたかもしれないが、そういう過激派はほとんど暗殺され、西郷隆盛のような穏健派が主導権を握った。

最大の革命は明治元年の五箇条の御誓文ではなく、明治四年の廃藩置県だった。まず版籍奉還がおこなわれ、統治権を徳川家から天皇家に移して、領地（版図）と領民（戸籍）をいったん天皇家に返した。これ自体は江戸時代にも将軍が代替わりしたときおこなわれた慣例で、幕府がすべての大名から統治権（領知判物）をいったん回収して再交付する手続きは誰も疑わなかった。

しかし明治政府は領地を各藩に返さなかった。その代わり「藩」という新しい制度を過渡的に設け、大名をそのまま藩主にした。(3) 税収の九割は中央政府が取り、藩主の収入は私的な「家」の部分だけになった。明治政府は各藩の債務を肩代わりすると称して、藩札を非常に低い為替レートで円に切り替え、「旧藩債償還法」で債務の大部分を踏み倒した。

このため巨額の藩債を保有していた大坂の豪商は破産し、江戸の札差も没落した。まるで詐欺みたいなものだが、ほとんどの藩は抵抗しなかった。多くの藩の財政は債務超過で、ボロボロになっていた木造家屋が、最後の一押しで倒れたようなものだった。藩主は引き続き統治権を保証されたので大名家は存続したが、藩士のほとんどは失業した。

廃藩論を一八七一年七月に最初に唱えたのは山縣だが、彼が西郷を訪ねて「廃藩置県に着手されてはどうであろう」と持ちかけたところ、西郷はその場で「実にそうじゃ。それはよろしかろう」と答えた。山縣が「是は血が出ますするが、その覚悟をせねばなるまい」というと、西郷は「我が輩の方はよろしい」と同意したという。(4)

西郷はその日に大久保利通を訪ねて廃藩置県の計画を話したところ、大久保は「今日のままにして瓦解せんよりは寧ろ大英断にて瓦解したほうがよい」という理由で、これに同意した。これは当時、大久保のやろうとしていた中央集権化の計画が、各藩の反対で難航していたので、藩そのものを廃止すればいいという発想だった。

廃藩置県の詔書が出されたのは、なんと西郷と大久保の合意の一週間後である。それは内乱を覚悟した決定だったが、実際にはあっけなく実行されてしまった。当時それだけ各藩の財政は逼迫しており、大名の地位は守る代わりに徴税権を中央集権化するという乱暴な革命が、ほとんど抵抗なく終わった。

それを可能にしたのは、天皇という記号だった。明治維新が徳川幕府を倒して新しい政権をゼロから作り直す革命だったら、幕藩体制を支えていた武士はそれに反対し、ヨーロッパのような激しい内戦が続き、それに勝ったナポレオンのような権力者が中央集権国家をつくっただろう。しかし天皇が日本の正統的な君主であるということは、武士はみんな儒学を勉強して知っていたので、大政奉還には反対できなかった。

このとき重要なのは、旧体制のエリートの既得権を守ることだった。江戸時代の武士は人口の一割ぐらいの特権階級で、大政奉還は徳川藩から長州藩などに権力を移すだけというのが当初の多くの武士の了解で、大した変化だとは思われていなかった。ここで普通なら路線論争とか内紛が起こりそうなものだが、大名の既得権を守るという西郷隆盛の約束を信じて乗ってしまう。

その上でいくつかの藩をまとめて県にしたのが廃藩置県で、二六〇の国を一挙に廃止する革命が「居抜き」でおこなわれた。大名家は守られたが、ほとんどの武士は失業したので、各地で反乱を起こしたが、もはや大勢は決していた。廃藩置県を決めた西郷がそれに反対して西南戦争を起こしたのは謎だが、自分も犠牲になることで改革の犠牲になった士族の顔を立てたのかもしれない。

天皇はキリスト教の代用品

明治維新は、ヨーロッパ諸国に対抗してばらばらの「家」を中央集権国家に統合する革命だったが、天皇と幕府の二重支配を温存したまま幕府を政府に置き換えたので、政権の求心力は弱かった。一君万民の儒教思想が明治政府の教義になったが、天皇には皇帝のような軍事力も財政基盤もなかった。実権が藩閥政府にあることは当時から政治家や官僚の共通認識だったが、民衆は知らなかった。それを中国の皇帝や西洋の絶対君主のような存在に仕立てることが強国になる近道だと伊藤博文は考え、枢密院会議で次のように述べた。

［欧州では］宗教なる者ありてこれが機軸をなし、深く人心に浸潤して、人心これに帰一せり。然るに我国にありては宗教なる者その力微弱にして、一つも国家の機軸たるべきものなし。［中略］我国にありて機軸とすべきは、ひとり皇室あるのみ。(5)

欧州では宗教（キリスト教）が国民の機軸になっているが、日本の弱点は宗教的な機軸がないことだから、国家を統一するためには法律や官僚組織だけではなく、キリスト教のような国教が必要だ、と伊藤は考えた。それは古来の大王のようなみこしではなく、一君万民の峻厳な君主でなければならなかった。

伊藤の草案（夏島草案）では内閣が政府の中心だったが、憲法を起草した井上毅はこれに強く反対し、内閣を憲法から削除した。(6) 井上が恐れたのは、天皇と内閣という二つの権力が並立し、法律や予算が成立しなかった場合に天皇の責任が問われて「革命」が起こることだった。結果的にはばらばらの官僚機構を統括する内閣の権限が弱く、それを長州閥が束ねる二重支配が続いた。

この権力分立の思想は、穂積八束《ほづみやつか》や上杉慎吉など東京帝大法学部の主流に継承された。穂積はイギリスの議院内閣制を「立法権と行政権をあわせ持つ専制政体」と批判し、合衆国憲法の権力分立を理想とした。彼らは立憲君主制に反対したのではなく、議会が政府を支配する権力集中を批判したのだ。統帥権の独立も、司法権の独立と同じく軍部を政党から分立させる制度だった。

これは合衆国憲法と似た制度設計だが、アメリカでは各州の国家意識が強すぎ、それを束ねる連邦制が必要だったのに対し、日本では武士にも農民にも国家意識が希薄だったので政府の求心力が弱かった。首相を指名する制度が憲法から削除されたので、伊藤や山縣を中心とする元勲の合議で首相が決まった。これは公式の制度ではなく、初期には「黒幕」と呼ばれたが、そのうち「元老」と呼ばれるようになった。

内閣では各省の大臣が対等な立場で天皇を輔弼し、総理大臣もその一員だった。天皇から大命が降下したが、天皇に人事はできない。かといって議院内閣制を排除したので議会が決めることもできないため、元老が首相を指名した。元老は法的根拠のない「令外の官」であり、ここでも天皇を中心とする「表の国」と、藩閥政府の「裏の国」の二重支配ができた。

部分が全体を決める軍隊

昔から皇帝が軍を指揮する国は多かったが、傭兵が多いため士気が低く、その規律を維持するのが大変だった。他方、都市国家は「自分の国を守る」という意識が強いため士気は高かったが、規模において劣る。両方の利点を生かし、国家的な規模で徴兵制を実現したのが近代の国民国家だった。

日本の武家は、ローカルな都市国家に近かった。江戸時代までは「日本」という国家が意識されず、武士のエートスは各藩（家）のために戦う、主君への私的な忠誠だったからだ。それが一挙に「大日本帝国」への忠誠心に変わったのは、天皇という記号を共有したからだろう。それは『日本書紀』以来、忘れられた物語だったが、江戸時代からの「家」が崩壊する時代に、それを超える主権者として創作された天皇が、国民を統合する物語の主人公になった。

明治以降の日本軍も、基本的には武士の集団だった。チョンマゲがなくなったので見かけは違うが、山縣が一九二二年に亡くなるまで、日本軍の指導者は武士だった。このため、武士の長所と短所がそのまま日本軍に持ち込まれた。よくいわれる「兵士は優秀だが将校が無能だ」とか「中隊までは強いが師団は機能しない」という特徴も、武士には中隊までの規模しかなかったからだ。三八式歩兵銃のような昔の武器にこだわる特徴も、長い平和の中で身についた武士のエートスだろう。

この点では、日本軍は近代の総力戦には向いていなかったが、日露戦争では、ロシアで革命が起こったために運よく勝った。実戦経験のある軍の首脳（長州の武士）は戦いの「引き際」を知っていた。それが昭和になって長州閥が排除され、陸軍大学の優等生が戦争を指導すると組織が硬直化し、既定方針を闇雲に決行するようになった。兵站を考えないで短期決戦を挑み、大きな犠牲を出しても勇敢な将校が出世した。日本軍は職業軍人になったために、武士のエートスを失ったのだ。(7)

敗戦まで一貫して、日本軍の主導権を握ったのは佐官級の中間管理職だった。彼らの特徴はボトムアップの「現場主義」である。日本軍のような小集団中心の戦争では、中央の命令より師団長の命令のほうが強い。そこでは全体戦略より個別の作戦が重視され、部分（軍）が全体（政治）を支配しようとし、クーデタで実権の掌握を図った。このとき政治が指導力を発揮しなければならないが、軍部は統帥権の独立を主張した。軍をおさえようとした犬養毅《いぬかいつよし》も高橋是清も暗殺され、近衛文麿《このえふみまろ》のような無能な首相しか残らなかった。部分最適化のために、全体最適を追求する政治家は文字通り抹殺されたのだ。

日清・日露までは、日本軍の指揮官は戊辰戦争などを戦った薩長の武士だった。日露戦争の陸軍司令官は長州出身の児玉源太郎、海軍司令官は薩摩出身の東郷平八郎で、主要ポストを薩長が独占していた。しかし大正時代に陸軍士官学校などの成績順に採用する制度になり、出世にもその成績がついて回るようになった。優等生ばかり集まったエリートは挫折を知らず、進むを知って退くを知らなかった。当時の国際情勢では、朝鮮半島を日本が領有することは「権益」として認められており、そこまでは政府と陸軍でも合意があったが、満州事変以降の快進撃で強硬派に主導権が移った。

そこから陸軍統制派と皇道派の派閥抗争が始まり、一九三五年の永田鉄山軍務局長の暗殺に至る。二・二六事件の後は粛軍人事で皇道派が排除されたが、意思決定は統制派の二十人余りのエリートの中で引き継がれ、彼らの微妙な方針の違いが陸軍全体の戦略を決めた。統制派の中で武藤章や田中新一のような強硬派が実権を握り、石原莞爾《かんじ》は日中戦争に反対したが武藤が強行し、武藤は日米開戦には反対だったが田中が強行する……というように次第に強硬派に主導権が移った。

戦争の意思決定はこのような中間管理職によっておこなわれた。戦争計画は課長級の官僚と佐官級の軍人の「課長打ち合わせ」で立てられ、上層部がそれを追認する下剋上だった。[8] このとき大事なのは、将官か佐官かというポストではなく、将来は幹部になる統制派の「力のある中間管理職」の人脈だった。この点で戦略も人脈もあった永田が暗殺されたことは、その後の陸軍のコースを大きく狂わせた。石原は中間管理職の支持を失って失脚し、東條英機には陸軍をコントロールする力がなかった。

明治陸軍の戦略が、よくも悪くも長州という「家」の中で決まったのに対し、昭和陸軍では派閥抗争で決まった。その原因は統帥権の独立といった法的な問題よりも、戦略が組織の中の人間関係で決まったことだ。日本の組織の意思決定は君主のような「主権者」ではなく、エリートの合議で決まる。その意味では能力主義だが、選抜の基準が学校の成績だと実戦の役に立たない机上の空論が暴走し、強硬派が主導権を握る。軍部が暴走したのではなく、大日本帝国の「国のかたち」に致命的な欠陥があったのだ。

自転する組織

山本七平は太平洋戦争でフィリピンの砲兵隊の見習士官として体験した軍隊生活を中心に、日本軍の日常を多くの著書で微細に描いた。彼はそれを特殊な「狂気」として糾弾するのではなく、普通の日本人による日常的な組織として淡々と描き、同じ欠陥が現代の組織にも受け継がれていることを指摘した。

戦争は全体のために部分を犠牲にするものだから、「自分だけは生き残りたい」という個人の意思を尊重していたら勝てない。しかし日本軍は現場主義で、ボトムアップでものを決めるので部分最適に陥りやすい。全体戦略を指揮する司令官には決定権がなく、現場の将校の全員一致で決めるので時間がかかるが、いったん決まった前例は律儀に守る。このような組織を山本は「自転する組織」と呼んだ。(9)

陸軍の組織は「キャリア」の高級将校と「ノンキャリ」の下士官と、その他大勢の兵士の三層構造になっており、現場の意向を決めるのは下士官だった。各地を転々とする高級将校は、現場の情報をもっている下士官に逆らえなかった。これでは戦争に勝てないので、陸軍の上層部はトップダウンでやろうとする。彼らは西洋的な作戦教育を受けたので、「天皇陛下の命令」で動かそうとする。建て前はトップダウンで実態はボトムアップという矛盾が、日本軍の支離滅裂な行動の原因だった。近代戦では、ある部隊が陽動作戦をとって敵の戦力を集中させ、他の部隊がその背後を襲撃する戦略がとられるが、日本軍はそういう作戦が苦手だった。部隊長や旅団長が集まる会議でも、そういう役割分担ができなかったという。山本は軍隊の現場の様子をこう語っている。

状況がうまくいかなくなると、それぞれ自分の部下がかわいいから、決定的な局面に立たせるのはいやだという事になる。どうしても全員応分に犠牲を負担しろという結論になっちゃうでしょう。すると、ある場所を支掌点《しとうてん》として、全滅しても構わないからそこをもちこたえている間に、他の部隊が別の方面から行って全体として勝ちを収めるというような作戦ができなくなるんですね。ただ、ひたすらがんばれといわれて崩壊するまでがんばりますけど、崩壊すると、ちょうど一家離散みたいなもので、二度と再編成できない。(10)

日本軍の意思決定はボトムアップなので、主役は兵士だった。日本の企業も、実態は労働者管理企業である。政治も建て前では国会が「国権の最高機関」だが、実際に政治をおこなうのは官僚である。これは経済学でも「エージェンシー問題」としてよく知られている。西洋ではプリンシパルの目的にエージェントを従わせるが、日本では逆にエージェントの自律性を守るためにプリンシパルを無力化するのだ。

帝国陸軍では、本当の意志決定者・決断者がどこにいるのか、外部からは絶対にわからない。というのは、その決定が「命令」という形で下達されるときは、それを下すのは名目的指揮官だが、その指揮官が果たして本当に自ら決断を下したのか、実力者の決断の「代読者」にすぎないのかは、わからないからである。そして多くの軍司令官は「代読者」にすぎなかった。(11)

このような下剋上の構造は、丸山が指摘した「まつりごと」の構造と同じである。山本も丸山もそれを日本人の特殊性として語ったが、これは意外に普遍的な現象である。ローカルな集団を守る「偏狭な利他主義」は広く植えつけられた文化遺伝子であり、日本人の「最古層」にはそういう感情が残っていると思われるが、こういう自然発生的な感情では近代戦はできない。

ナポレオン以降の戦争では、軍を「師団」に分割し、各部隊が分業するシステムを取る。これは日本軍の将校も勉強して知っていたが、現場の兵士は中隊レベルの小集団で動くので、師団がコントロールできない。「兵士は優秀で勇敢だが、将校が無能だ」という日本軍の評判も、将校が命令しても現場がいうことを聞かない実態のあらわれともいえる。

軍国主義は普通選挙から生まれた

このような日本のボトムアップ型意思決定は、議会政治に向いている。明治維新より前に近代国家ができたのはフランスとイギリスぐらいで、ドイツ帝国は一八七一年、イタリアが統一されたのは一八七〇年、アメリカは南北戦争（一八六一〜五）でようやく連邦を統一し、一九世紀末から帝政と民主制の「制度間競争」が始まった。

第一次世界大戦で明らかになったのは、民主制は総力戦に強いということだった。ドイツもオスマンもロシアも、戦争ではなく国内の革命で転覆された。福沢諭吉が「政府ありて国民なし」と嘆いたとき、国民を動員する目的は戦争だった。彼が日清戦争に賛成したことが批判の的になるが、当時の日本にとっては朝鮮半島が防衛線だった。そして戦争を遂行するためにもっとも重要な思想は、国民に「自分の国」という参加意識をもたせる民主制だった。[12]

このような近代の議会政治は、無頭性を特徴とする古代ギリシャのデモクラシー（直接民主制）とはまったく異なるものだが、日本では大正時代にこれが進歩的な政治形態として賞賛され、「大正デモクラシー」と呼ばれた。普通選挙が始まったのは昭和三年（一九二八）だが、「昭和デモクラシー」といわないのは、昭和初期の戦争の記憶があるからだろう。それまでの有権者は地租を納める地主だけだったが、普通選挙で一般の男子に選挙権が拡大し、有権者は八倍以上に増えた。この時期を「政党政治からファシズムへ」の転換というのは正しくない。ヒトラーがナチス以外の政党を解散させたドイツとは違い、日本では一九四〇年に大政翼賛会ができるまで政党は存在し、満州事変にも日中戦争にも帝国議会は圧倒的多数が賛成したのだ。

第一次大戦で帝政が敗れたのを見て、政府は議会政治をつくろうとしたが、大衆（大部分は農民）は政策なんかわからないのでスキャンダルだけに関心をもち、議会は金とセックスの話題に明け暮れた。今と同じである。大正デモクラシーでは機能した政党政治が、普通選挙の昭和デモクラシーでは機能しなくなった。

昭和初期に帝国議会を紛糾させたのは、松島遊郭事件や陸軍機密費事件、朴烈写真事件など金とセックスのスキャンダルだった。特に一九二九年の世界恐慌のあと金解禁するなど経済政策が混乱したため、政党内閣への信頼が失われた。これを領土拡大で解決しようとしたのが一九三一年の満州事変だが、政党政治を無視した関東軍の行動を政友会は追認した。一九三二年に日本政府全権の松岡洋右が国際連盟を脱退したとき、国民は彼の帰国を横浜港で歓喜して迎えた。このような政党政治が行き着いた先が、一九四〇年にできた大政翼賛会だった。

それはヒトラーのような独裁者の支配する組織ではなく、近衛文麿は優柔不断なポピュリストだった。彼を支持したのもリベラルな社会主義者だった。大政翼賛会に真っ先に合流したのは、無産政党だった。他の政党が法的に禁止されたわけではなく、国民の圧倒的多数が大政翼賛会を支持したのだ。それを「国民が言論統制でだまされていた」というのは言い訳である。軍国主義をあおったのは新聞であり、昭和の暴走はデモクラシーから生まれたのだ。

大政翼賛会という幕府

一九三〇年代の日本政治を「ファシズム」と呼ぶ人がいるが、日本の歴史にはヒトラーのような独裁者は一度も出てこなかった。近衛文麿は政権基盤の弱い「公家」であり、新聞の大衆的な支持に支えられたポピュリストだった。彼は政党も官僚も軍もばらばらのままでは総力戦が遂行できないと考えて大政翼賛会の指導者になったが、右翼から「天皇の大権を犯す幕府的存在だ」と攻撃されると党

の綱領も書けず、「近衛新体制」はわずか半年で終わった。(13)

戦時体制の中核は極右のファシストではなく、国家社会主義の理想に燃えた「革新官僚」と陸軍統制派の「革新将校」だった。彼らは政争を繰り返す腐敗した政党政治を否定し、大政翼賛会で「一国一党」の戦時体制をつくろうとしたが、軍も官僚もタコツボ的な既得権を守り、翼賛会には従わなかった。財閥も翼賛会に反対し、彼らを「赤」として取り締まるよう政府に求めたため、一九四一年の企画院事件で革新官僚が大量に検挙された。この結果、軍部の力が相対的に強まり、軍の中間管理職が戦争の方針を決める「下剋上」が常態化した。

大きな組織が縦割りになるのは普遍的な現象だが、日本ではその上に立つリーダーを無力化する無頭性が特徴である。これは明治憲法では統帥権の独立として明文化され、各省の大臣も内閣とは独立に天皇を輔弼し、直接に上奏できる権限をもっていた。しかも情報が共有されず、陸軍と海軍は大砲の口径やネジの巻き方まで別々だった。だから唯物史観の戦後歴史学のように、ファシズムを「社会主義に対する反革命」ととらえるのは誤りである。

そもそも日本では、ヒトラーやムッソリーニのようなファシストは政権を取れなかったので、三〇年代の政治はファシズムではない。大政翼賛会に集まった官僚は戦争を望んでいたわけではなく、来たるべき戦争にそなえて日本の経済力を結集し、重化学工業化を進めようとした。消費財ばかり生産しても、単純再生産になって資本が蓄積できない。戦時体制で一挙に資本集約化する必要があった。

それを国家総動員法で実行したのが、蠟山政道《ろうやままさみち》、矢部貞治《やべていじ》、宮沢俊義《みやざわとしよし》、大河内一男《おおこうちかずお》などの東京帝大の知識人で、近衛文麿はその影響を受けて大政翼賛会をつくった。そこには明治以来の権力分立を克服し、国家を計画的に運営するという合理的な目的があり、無産政党が率先して合流した。蠟山の「東亜協同体の理論」は日中戦争の始まった一九三八年に『改造』に発表されたものだが、日本の大陸進出は「帝国主義ではなくして、防衛又は開発の為めの地域主義」だという。これは一種の「開発主義」で、日本が東アジアを指導して世界史の先頭に立つ「逆転ホームラン」をねらっていた[14]。

これは最近の経済学の言葉でいうと「貧困の罠」を脱却する「ビッグプッシュ」である。アジアでは余剰人口が多かったため労働集約的な技術が主流で、資本が蓄積されない。付加価値が小さく賃金が低くなるので消費が少なく、このために市場が拡大しない悪循環になる。この罠を脱却するには、労働集約的な技術から資本集約的な技術に経済を転換するビッグプッシュが必要だった。一九三〇年代の日本は日米戦争に負けて大失敗したが、ビッグプッシュは成功し、それが戦後の成長の原動力となった。

古代以来の日本の一貫した特徴は、「表の国」と「裏の国」を分離し、権威と権力を集中させない二重支配である。これは意識的に制度設計した人がいたとは思えないが、権威と権力が一体化した中国から輸入した中央集権制を「令外の官」で換骨奪胎し、裏の国が実権をもつ構造に変えた。この構造は戦争には向いていないので、明治政府は天皇を絶対君主に仕立てたが、長州閥の求心力がなくなると権力分立の弱点が顕在化した。

惨敗した日本は占領統治によって、それまでの歴史で内発的には一度もできなかった「革命」を実現した。GHQ（連合国最高司令官総司令部）は陸海軍とともに財閥を解体し、不在地主をなくして新憲法を制定した。それは歴史上まれにみる成功した占領統治だったが、日本人はこれも換骨奪胎して平和憲法という「表の国」と日米同盟という「裏の国」を使い分け、平和ボケに回帰してしまった。

日本国憲法は押しつけだったのか

沖縄戦で決死の抵抗を受けて多くの犠牲を出したダグラス・マッカーサー将軍は、占領統治でも抵抗を警戒していたが、日本人は一転してマッカーサーを歓迎した。これはそれほど当たり前ではない。

二〇〇三年にアメリカがイラクに軍事介入したときジョン・ボルトン国務次官は「サダム・フセイン政権を倒せば、イラク国民は日本人のように歓迎するだろう」と述べたが、そうはならなかった。

それに対して、一九八九年にベルリンの壁が崩壊した後の東ヨーロッパの政権は、誰も予想しなかったスピードで崩壊し、平和的に革命が実現した。その最大の原因は、社会主義が人々の心に根づかなかったことだ。天皇が主権者として国民を統治する明治憲法も、日本人の心には根づかなかった。天皇は古代から共同体を名目的にまとめるための記号だったからだ。

GHQが持ち込んだ「象徴天皇」は、結果的にはこうした伝統的な天皇の位置づけに一致していたが、当時の日本の支配層は新憲法を押しつけられた屈辱的なものと受け止めた。このようなゆがみを文献で実証したのが、江藤淳である。[1] 彼は一九六〇年には石原慎太郎や大江健三郎などとともに「若い日本の会」を結成し、安保条約の改正に反対したが、その後は反米闘争に疑問をもち、保守派の論客になった。

江藤は占領期の歴史に興味をもち、一九七九年にアメリカの国立公文書館で占領軍の検閲に関する文書を発見する。そこには占領軍の批判や極東軍事裁判の批判とともに「SCAP（占領軍）が憲法を起草したことに対する批判」も禁止すると書かれていた。この検閲によって、憲法の草案を占領軍が書いたことは報道されず、それは占領体制が終わるまで続いた。

憲法が押しつけだったという議論は、歴史的経緯としては正しいが、問題はそれが当時の日本国民の意に反する憲法だったのかということだ。押しつけ論の論拠になっているのは、一九四六年二月に日本側の出した改正案（いわゆる松本案）がマッカーサーに一蹴され、彼の「三原則」をもとにしてS

ＣＡＰ民政局が一週間で憲法草案を書いたという経緯だが、このとき最大の焦点は天皇の地位だった。マッカーサーが憲法制定を急いだのは、五月から始まる東京裁判（極東国際軍事裁判）で昭和天皇の戦争責任を追及する声が強まっていたためだ。明治憲法の天皇主権を残した松本案を出したら天皇の起訴もありうる、とマッカーサーは考え、そうなると「大騒乱が起こり、一〇〇万の軍隊を派遣する必要が生じるだろう」とアイゼンハワーに報告した(2)。

第九条の平和主義には、日本側からも異論が出なかった。一九四六年の憲法制定議会で、戦争放棄を定めた第九条に反対したのは共産党だけで、昭和天皇から石原莞爾まで、国民がこぞって「軍隊はもういらない」と賛成したのだ。マッカーサーの三原則には「自己の安全を保持する戦争も放棄する」と明記されていた。日本側の中心となった宮沢俊義は国連を中心とする「平和国家」の理想を掲げ、吉田茂首相は「自衛戦争も放棄する」と国会で答弁した。いわゆる芦田修正論は、後になって考えたこじつけである。

押しつけられたのは第九条の平和主義ではなく、第一条の象徴天皇制だった。ポツダム宣言では天皇が存続するかどうかは「日本国民が自由に表明した意志による政府」が決めることとし、国体の維持を約束しなかったので、天皇制が廃止されると考えた国民も多かった。新憲法は日本の伝統とはまったく異なる国際法の理念をもとにしていたが、天皇を無力な記号としてまつり上げる制度は、結果的には明治憲法の「強い君主」より、伝統的な天皇に似ていた。

その一つの原因は、アメリカが日本の伝統を深く研究していたためだろう。戦争情報局の人類学者だったルース・ベネディクトの『菊と刀』は、日本でベストセラーになった。もう一つの原因は、天皇制がイギリスの立憲君主制と似ていたことだろう。イギリス国王は一七世紀の名誉革命以降、実権を奪われて「象徴」になった。これは同時代の日本で天皇が実権を失ったのとほぼ同時期で、「君臨すれども統治せず」という立憲君主制は江戸時代以降の天皇と似ていた。日本国憲法は明治憲法より日本の伝統にマッチしたのだ。

自民党は「小農の党」

戦後改革の中で最大の改革は、地主の土地を取り上げて小作農に分配する農地改革だった。一九四七年から農地の強制買い上げがおこなわれ、小作地の八〇％が買い上げられ、小作地は全農地の四六％から一〇％に激減した。当時は数百倍のインフレが起こったため、これは無償の没収に等しかった。

実はこの案はＧＨＱが出したものではなく、農林省の農政局長、和田博雄が起案したものだった。和田は戦前の「革新官僚」で、企画院事件で逮捕されたおかげで公職追放をまぬがれ、のちに左派社会党の書記長になった。農地改革は、ＧＨＱの威光を借りて官僚がやった社会主義改革だった。戦後改革も大蔵省を中心とする官僚機構がマッカーサーの権力を利用して進めたもので、明治以降一貫して日本社会の中枢だった官僚組織は戦争でも生き残り、戦後復興を支えた。(3)

日本の農村は、古代から共同体としての自律性が強い。明治以降、大地主が生まれたのは、地租改正で土地所有権が確立して富農と小作人が分化したためだから、小作農に土地を分配して自作農にする農地改革は、江戸時代の惣村に戻すもので、地主にもほとんど抵抗がなかった。戦前の保守政党は地主の党だったが、農地改革で多数の自作農が生まれたため、それを支持基盤として生まれた自由民主党は「小農の党」だった。一九五五年に保守合同で自由民主党が結成されたとき、その政策は憲法改正以外には、米価など農民の既得権を維持することだけだった。社会党は戦前から続く小作人の党で、その支持基盤は農民組合だったが、農地改革で小作人が激減したため、基盤を失った。

それに代わって野党の支持基盤になったのは、都市の労働者だった。戦後、農村から多くの人口が都市に流入したため、労働組合を基盤とする社会党が自民党と対等な二大政党に成長すると思われたが、うまく行かなかった。自民党は個人後援会という「家」の集合体なので、それに対抗するには未組織労働者にも支持を広げないといけなかったが、社会党にはそういう地方組織がなかった。

一九六〇年代以降、日本でも総評（日本労働組合総評議会）が「昔陸軍・今総評」といわれるほど大きな発言力をもつようになり、社会党は「五万人の党員で一〇〇〇万票を集める」といわれる労組依存の党になった。それは「遅れてきた階級政党」だったが、階級闘争のない日本で、それが自民党に代わる勢力になることは、もともと無理だった。

ドイツの社会民主党（SPD）は一九五九年のゴーデスベルク綱領で「マルクス・レーニン主義との訣別」を宣言して国民政党に転換したが、社会党は逆に「機関中心主義」という名のもとに、専従活動家の書記局や各支部の活動家から選ばれた代議員を中心とするようになった。活動家には暴力革命を公然と掲げる社会主義協会の影響が強く、総評はストライキを打つ戦闘的な組合運動を展開した。

この結果、高度成長期に社会党は官公労中心の階級政党になったが、民間のサラリーマンは労組ではなく企業に帰属意識をもっていたため、「企業一家」のメンバーとして自民党の支持基盤になった。

自民党はこうした中間層に支持を広げようと社会保障を拡大し、あり余る財源を年金支給の増額にあて、田中角栄は老人医療を無料化した。

野党は「福祉国家」という看板を自民党に奪われてしまったため、そのスローガンは「憲法九条を守れ」という平和主義だけになってしまった。これは活動家のビラには使えても、選挙の得票には結びつかない。一九九〇年代に実施された小選挙区制で、社会党は気楽な万年野党として生きてゆく道を絶たれ、労働組合はその組織力を生かす政党を失った。その後の野党も、小選挙区では自民党にとてもかなわない。自民党そのものが「家」という組合を原型とする政党だったからである。

小農から中小企業へ

新型コロナでは「医療の逼迫」が問題になったが、日本の病床数は人口あたり世界一である。それなのに医療が逼迫する原因は、病院の八割が小規模な民間病院に分散し、行政が患者受け入れを指示できないからだ。おかげでコロナ患者の八割以上を公立・公的病院が受け入れた。開業医中心の日本の医療システムは、戦後できたものだ。それは公営病院が七〜八割を占めるヨーロッパとはまったく違い、各地の名士だった医師の集まる日本医師会が自民党の大きな支持基盤で、公立病院の建設に反対し、医学部の定員増を阻止して生まれた構造である。

このような中小企業中心のシステムでは、役所がトップダウンで業界に命令できないので、特殊法人や業界団体を通じて大企業を監視し、親会社が子会社を監視する「系列モニタリング」で行政コストを節約している。役所が業者に直接命令することはほとんどないが、業者はその間接支配のルールを守る。これは個々の企業を監視する必要がないので効率的である。日本の公務員が人口比で先進国最少なのは、こういう多重構造を利用しているからだ。この点で、行政と業者が対立関係にある欧米の公務員とはまったく違う。特にアメリカでは業者が役所に対して訴訟を起こすことが日常的なので、行政には弁護士が多いが、日本ではよくも悪くも行政訴訟はほとんど起こらない。

系列モニタリングは法務コストや人件費が節約できるが、コンセンサスベースなので、役所と業者の利害が一致していることが条件である。コロナのような危機になると官民の利益が大きく食い違い、法的根拠がないので、医師会が拒否すると何もできない。同じ構造が、親会社と下請けの間にもある。企業を本家と分家のヒエラルキー構造で拡大してゆく構造は、戦後の成長期には適していた。

資金調達は親会社（本家）が銀行からの融資を受けて子会社（分家）に分配する。資本主義でもっとも重要なのはリスクの配分である。英米では株式というハイリスクの方式しかないが、日本では「親」の信用で銀行が融資できるので審査費用を節約でき、中小企業は系列に入れば資金調達が容易になる。これはかつて「日本型システム」の長所といわれた構造で、日本の銀行は個別の企業の財務諸表をチェックしなくても、親会社の資金繰りを見ていればいいので、経費率が低い。

雇用も直系家族型で、景気変動には解雇ではなく配置転換で対応し、新規事業などの大きな変動には企業集団の中の出向・転籍で対応する。このように企業が雇用責任を負って社会福祉を代行する「日本的福祉システム」が、社員を企業に閉じ込める「退出障壁」になっている。

しかし国際的な水平分業の広がりによって、すべての部品を系列内で調達する「フルセット型」システムは成り立たなくなったので、ＩＴ産業では、雇用責任を避けるために多重下請け構造が発達し、製品が多くの系列内の「すり合わせ」でつくられるため、中間財の市場が発達しない。その結果、グローバルな水平分業に対応できず、ＩＴ産業は壊滅的な打撃をこうむった。

家畜から社畜へ

終身雇用・年功序列などと呼ばれる日本的雇用慣行は、それほど古いものではない。これは一九五〇年代以降の高度成長期にできたものだが、文字通りの意味で定年まで勤務する終身雇用の労働者は大卒ホワイトカラー男子だけで、労働人口の八％程度である。日本的雇用慣行が変わらないのは、「解雇規制」が厳格だからではない。ＯＥＣＤなどの国際比較でも、日本の実定法上の労働者保護は平均より弱い。

そもそも日本の労働法制では解雇を禁じていない。雇用契約は企業と個人の自由な契約であり、その一方が解除すると申し入れれば契約は解除されるというのが、民法の契約自由の原則である。労働法もその例外ではないので、企業は一ヶ月前に通告すれば雇用契約を解除できる。ところが日本では雇用を自由な契約とは考えないで、会社が労働者の生活を定年まで保障する傾向が強い。解雇は少なくないが、労働者が訴訟を起こすと、裁判所は「解雇権濫用法理」を適用し、労働者が勝訴することが多い。これが判例として確立したのが、一九七九年の東洋酸素事件に関する東京高裁判決である。ここでは「整理解雇の四要件」を判示し、整理解雇を事実上禁止した。(4)

その後の労働事件ではこの四要件が踏襲され、労働基準法で認められている企業の解雇権が、司法的に非常にきびしく制限された。その結果、派遣労働者や請負契約あるいはパートタイマーといった契約労働者が増えたのである。こういう実定法と司法の矛盾を解決するには、労働基準法を改正して金銭解雇を可能にすべきだという意見が昔からあるが、労働契約法一六条では逆に解雇権濫用法理が立法化されてしまった。

このような日本型の雇用形態を「メンバーシップ型」と呼ぶことがある。これは私が一九九七年に提唱した概念で、[5]最近では「ジョブ型」と対比して使われることが多いが、これは対義語になっていない。メンバーシップ（長期雇用）の反対はオーナーシップ（所有権）にもとづく契約ベースの雇用である。正社員は定年まで雇用する「無期雇用」だが、これは雇用全体の二五％程度で、それ以外の中小企業が三五％、非正規雇用が四〇％である。その待遇の差は大きく、大企業型以外の労働者は雇用を保障されていない。正社員と非正社員の賃金格差は（時給ベースで）ほぼ二倍というのが、戦後の定型的事実である。

これが「二重構造」として労働経済学者が批判してきた問題だが、正社員はメンバーシップなので、社員が会社に人的投資するにはレント（競争的な水準を超える賃金）が必要だ。非正規雇用は明示的に期限を切っているが、中小企業は正社員であっても、経営が不安定なので、雇用は保障されていない。

メンバーシップには二種類ある。日本の企業内メンバーシップと、ヨーロッパの職種別メンバーシップである。これはそれぞれ日本の「家」とヨーロッパのギルドに起源をもつ中間集団だが、それと直接つながっているわけではない。近代化で崩れた伝統的な中間集団が、企業別労働組合と産業別労働組合という形で再編成されたのだ。

世界の大部分の地域では、血縁集団を超える安定した機能集団ができることは珍しい。ヨーロッパのギルドも、領邦を超えて取引する商人がつくった組合だった。最初はマグレブ商人のようにユダヤ人という血縁集団の擬制でできたが、[6]これは近世の戦争で破壊され、南ヨーロッパに商人ギルドができ、血縁の代わりに商人法ができた。これが職人の集団に発展したのがギルドである。

これに対して日本では中世に共同体が、「家」という機能集団として再編成された。その中心は農民だったので地縁集団の性格が強く、商人の家も城下町にかたまり、地域を超える広がりはあまりなかった。このような性格が明治以降の官庁や企業にも受け継がれた。戦後は地縁集団としての性格が弱まったが、入社から定年まで会社との「暗黙の約束」で身分を保障されている。かつては土地にしばりつけられた「家畜」だったが、戦後は会社にしばりつけられた「社畜」になったのだ。

高度成長を支えた「家」からの逃亡

日本は資本不足の発展途上国から出発して、急速に先進国に成長した。この最大の要因は、明治期におこなわれた「富国強兵」の政策と、戦後の通産省による産業政策だった。経済学者はこうした政府の役割を否定するが、それは二一世紀には正しくても過去にはそうではなかった。西欧以外の文明圏で「離陸」に成功したケースは、例外なく政府のビッグプッシュという「見える手」によるもので、社会主義国の初期の成功もこれで説明できる。[7]

ただ戦前の日本の成長率はそれほど高くなかった。一人あたりＧＤＰは明治以来、七〇年かかってアメリカの四割ぐらいになっただけで、英米にキャッチアップした高度成長は戦後の現象である。日本の農業人口は一九四〇年まで約一四〇〇万人で変わらず、生産性の高い都市への人口移動が起こらなかった。これは近代化とともに人口の都市集中が起こる発展途上国とは異なる日本の特徴だが、なぜ人口移動が起こらなかったのだろうか。

その一つの原因は家父長的な「家」制度にあった。旧民法では中世以来の長子相続の原則が守られ、戸主（長男）が土地・財産をすべて相続し、先祖伝来の土地に縛りつけられた。次三男や女性は村を離れたので、都市の人口は増えたが、農村の人口は減らなかった。旧民法の家制度で、長男は家を継ぐことが義務づけられたからだ。(8)

このように農民が土地に縛りつけられた状況を変えたのが、戦後の農地改革と新民法だった。農地は小作人に分配され、すべての家族に分割相続されたので、それを換金して都会に出て行くことができるようになった。それによって農業人口は急速に減り、人口の都市集中が進んだ。

このように「家」の構造は、戦後も形を変えて受け継がれている。その基盤となった長子相続の制度はなくなったが、「家」を支えた一族の同質性は今も高く、日本の製造業の高い生産性の原因になっている。このように閉ざされた社会であることが「家」の強みでもあり、弱みでもある。それは約束を守るメカニズムとしては有効だが、西欧的な法の支配による契約とは似て非なるものである。

万年野党を支えた平和の遺伝子

戦後の歴史を振り返ると、左翼の役割が意外に大きいことに気づく。今では左翼は無力な万年野党だが、一九五〇年代までそうではなかった。一九五五年に左右の社会党が統一したことが、保守合同のきっかけだった。当時の社会党には自民党と対等に闘う力があった。同じ時期にヨーロッパの社会主義政党は、政権政党への脱皮をはかった。

しかし一九六〇年の安保闘争が、社会党に誤った成功体験を与えた。議会では多数を取れなくても、街頭デモの「直接民主主義」で岸信介内閣を倒したからだ。社会党の基盤とする総評は左傾化して左派が優位になり、労使協調路線の同盟が分裂すると、西尾末広は脱党して民社党を結成した。江田三郎の構造改革論も排除され、社会市民連合をつくったが、いずれも大きな勢力にならなかった。自民党の個人後援会に対抗できる組織力をもっていたのは、総評だけだったからだ。

一九六〇年代には石橋政嗣が「非武装中立」を党是とし、社会党は政権をあきらめて美しい理想を語り、それによって一部の支持者を得る戦術を取った。憲法も自民・社会が話し合えば2／3の壁はクリアできたが、社会党は改正を拒否して「純化」する道を選んだ。自衛隊が貧弱でも、いざとなったら米軍が守ってくれるから、自民党も社会党も甘えていたのだ。この点が、ベルリン封鎖で危機に直面したドイツとの違いだった。

自民党も池田勇人内閣以降は「低姿勢」になり、岸のような「強行採決」を控えて国会対策で野党を尊重する慣行ができた。無能な野党を「生かさぬよう殺さぬよう」飼い慣らすことが、自民党の知恵だった。国会運営は自民党が野党と話し合う国会対策委員長会談で決まり、そこでは自民党と野党が対等に話し合い、全会一致が原則である。国対で一致できない一部の「対決法案」だけが審議される。

これは野党にとっても快適な状況だった。現実的な政策を掲げることは政権を取るためには必要だが、万年野党には自民党のような「不純な」政策を提案するインセンティブがない。逆にいうと、どんな非現実的な政策を掲げても責任を負わないので、彼らは「平和憲法」や「福祉国家」の美しい理想を語ることができた。

この意味で、左翼は政治的には敗北したが、組織としては勝利した。社会党の議席は一九五八年の総選挙の一六六議席が最高で、その後も民社党などを合わせても半数に遠く及ばなかったが、自民党の憲法改正を阻止する1／3は守る絶妙なバランスが続いた。安保条約についても党内には現実論もあったが、「政権を取る展望がないうちは理想論をいったほうが選挙に有利だ」という左派が優勢だった。

最後の改革のチャンスは、一九九三年の細川護熙《もりひろ》内閣で与党になったときだが、このときも左派が「反小沢」で結集して村山富市内閣をつくり、いきなり自衛隊も安保も認めて社会党は崩壊してしまった。政権交代がない原因は中選挙区制だといわれたが、そうではなかった。一九九四年に小選挙区制が導入された後も、政権交代はほとんど起こらなかった。

最大の原因は、美しいが実現できない平和憲法であり、そういう「身内の平和」を求める日本人の文化遺伝子である。古代から君主を天皇として棚上げし、実権は摂政・関白や将軍がもつ二重支配が続いた。戦国時代のような例外的な時期には織田信長のような独裁者が国を指導することもあったが、大部分の時期には徳川家康のような調整型の指導者が上に立ち、権力を集中させないために、参勤交代などの蕩尽で富の蓄積を防いだ。縄文時代から変わらない最古層の伝統を受け継いでいるのは、自民党ではなく野党なのだ。

自民党と大蔵省の二重支配

日本の官僚機構には、全体を統括する官庁がない。形の上では内閣が中枢だが、首相官邸（内閣官房）スタッフのほとんどは出向で求心力がない。憲法第八六条では「内閣は、毎会計年度の予算を作成し、国会に提出して、その審議を受け議決を経なければならない」と定めており、予算編成権をもつのは内閣だが、そんな要員がいないので財務省が代行している。名目上の権威をもつ内閣に対して、実権をもつ大蔵省が「裏の内閣」として資金を分配し、政策を支配する「まつりごと」の構造である。

財務省主計局の査定の大部分は前例を踏襲するが、新たな歳出の増加をともなう政策には拒否権をもっている。つまり日本の政治には政策を決定する内閣と、それに拒否権をもつ財務省という二重支配の構造があるわけだ。高度成長期には大蔵省は自民党政権と一心同体であり、成長による果実の分配という共通利益で結びついていた。バラマキを求める政治家に対して財政規律を守ることが首相の責務とされ、大平正芳首相は「一般消費税」を導入しようとして総選挙で惨敗し、竹下登首相は消費税の創設に政権の命運を賭けた。

しかし税収が減った一九九〇年代に、大蔵省は政権と対立するようになった。バラマキを続けたい自民党に対して、大蔵省は負担の増加を求めたからだ。その負担の分配をめぐる対立が尖鋭化したきっかけは細川内閣だった。大蔵省の斎藤次郎事務次官は小沢一郎（新生党代表幹事）の剛腕に期待し、細川首相は消費税率を七％に引き上げる「国民福祉税」を発表したが、一夜にして撤回した。その細川内閣が倒れたあと、政権に復帰した自民党の大蔵省に対する報復が始まった。大蔵省の予算編成権に対して、自民党は組織いじりで対抗したのだ。

橋本龍太郎内閣から始まった「官邸主導」の改革では、内閣を補佐する各省庁より格上の機関として内閣府が創設されたが、内閣府は出向者の寄り合い所帯で、中核は経済企画庁や総務庁などの弱小官庁だったので、求心力は弱かった。「予算編成の基本方針」を審議する経済財政諮問会議ができたが、大蔵省は予算編成権を守った。しかし一九九八年の過剰接待事件で、大蔵省は大きなダメージを受けた。大蔵省は一一二人を懲戒処分する代わりに刑事訴追はしないということで検察と政治決着した。

過剰接待事件の背景にあったのは、大蔵省銀行局が不良債権の処理を誤って日本経済の危機を深刻化させたという国民の怒りだった。接待そのものは大した問題ではなかったが、大蔵省の「護送船団行政」への批判が強まり、金融の素人である大蔵官僚が不良債権を先送りしてきたことが問題視された。自民党は大蔵省を徹底的にたたき、大蔵省銀行局の責任を追及して金融庁を分離し、大宝律令以来の「大蔵省」という名称も「財務省」と変更した。

このころから大蔵省の力が弱まり、大規模に国債を発行して補正予算が組まれるようになった。一九九七年末から始まった金融危機に対して、小渕恵三内閣は事業費総額四二兆円の補正予算を編成し、小渕首相は「世界一の借金王」と自称した。国債増発に歯止めをかけたのは、小泉純一郎首相だった。自民党の中で一匹狼だった彼が五年半も首相を続けることができたのは、彼が「大蔵族」だったことと無関係ではない。小泉政権は緊縮財政でプライマリーバランス（基礎的財政収支）の赤字は減ったが、成長率は上がった。

だがその後の第一次安倍内閣は、財務省との関係がうまく行かなかった。官房長官や秘書官に調整能力がなかったため、自民党とも官僚機構とも調整ができず、安倍首相は行き詰まって政権を投げ出した。リーマンショックの後の民主党政権では、また大幅な財政出動が続いた。野田佳彦内閣では財務省が中心になって自民・公明との三党合意で消費税の増税を決めたが、第二次安倍政権はこの路線を転換し、増税を二度も延期した。

これは伝統的なバラマキ財政への回帰だが、規模は小さく、効果も限られていた。安倍首相が頼ったのは今井尚哉《たかや》秘書官を中心とする経産省の人脈だが、その力は予算編成権を握る財務省には遠く及ばなかった。日本経済を動かすのは金融政策ではなく、財政政策である。安倍首相は財務省をうまく使いこなせなかったため、日本銀行に「異次元緩和」をやらせたが、その効果はほとんどなかった。

安倍首相の破壊した「まつりごと」の構造

消費税は多くの政治家の運命を翻弄した「魔の税」である。最初に一般消費税を公約に掲げたのは大平正芳だったが、一九七九年の総選挙で大敗して「四〇日抗争」をまねき、翌年の総選挙の最中に急死した。消費税ができたのは、竹下内閣の一九八九年だったが、リクルート事件で満身創痍で退陣した。

大蔵省はその後継者と目された小沢一郎に運命を託し、『日本改造計画』の編集長も大蔵省の香川俊介課長がつとめた。そこには「消費税一〇%」が明記されていたが、小沢はその直後に離党した。ばらばらの細川内閣を束ねたのは大蔵省をバックにした小沢の求心力だったが、大蔵省は自民党と対決する結果になった。一九九三年に小沢と斎藤次官が仕組んだ国民福祉税は失敗し、小沢は一年足らずで政権を失った。

大蔵省が巻き返そうとしたのが、橋本内閣の財政構造改革だったが、これは不運なタイミングだった。一九九七年に消費税率を五％に上げた直後に北海道拓植銀行と山一証券が破綻し、金融危機で橋本首相は退陣した。これが「消費増税で不況になった」と政治的に利用され、このあと一七年間、増税ができなくなった。

財務省が巻き返したのが民主党政権だった。自民党に敵対して孤立した政権の中で、財務省が頼れたのは細川内閣と同じだった。財務省とのパイプを背景に小沢幹事長が実権を握り、予算の采配をふるったが、野田内閣で消費増税に反対して離党した。それでも財務省は宿願の増税を三党合意で実現したが、安倍内閣でこの歯車は狂った。第一次内閣で「戦後レジームからの脱却」といった観念的な政策で失敗したと考えた安倍首相は、徹底的な経済政策優先に転換し、金融政策による「デフレ脱却」を掲げた。

二〇一三年はちょうど日銀総裁の交代にあたっていたため、黒田東彦総裁を指名して量的緩和を推進した。第一次内閣のときはそれほど経済政策にこだわりを見せなかった安倍首相が量的緩和に執着した原因は、菅官房長官の影響が大きかったようだ。大きな岐路は、二〇一四年一二月の消費増税の延期だった。このとき財務省は自民党内に根回しして増税をはかったが、安倍首相は強行突破した。

それまでの自民党と財務省の関係では、内閣は「みこし」であり、予算配分を決めるのはそれをかつぐ財務省だという「まつりごと」の構造が維持されていたが、安倍政権はそれを壊し、政治主導で予算を決めたのだ。このとき癌の宣告を受けながら増税延期に抵抗した財務省の香川俊介事務次官

（『日本改造計画』の編集長）についての菅氏の回想は印象的である。

ある日、［香川氏を］官邸に呼んで、「消費税の引き上げはしない。おまえが引き上げで動くと政局になるから困る。あきらめてくれ」と静かに話をしました。香川はつらかっただろうけど、「長官、決まったことには必ず従います。これまでもそうしてきました。ですが、決まるまではやらせてください」と言っていました。

一九九〇年代以降の三〇年間、財務省は自民党との闘いにほとんど連戦連敗だった。その一つの原因は、自民党に予算をつける一方で増税を通してもらうという五五年体制の「共生」関係が崩れたことだが、根本的な問題は、自民党と財務省の二重支配が議院内閣制になじまないことだろう。「国権の最高機関」たる国会が首相を選び、それが内閣を通じて官僚機構を支配する憲法の原則は「三権分立」ではなく、内閣による一元支配である。それは伝統的な「まつりごと」の構造にはなじまないのだ。

岸田文雄前首相は伝統的な二重支配に回帰したようにみえるが、財務省にもかつての求心力はない。二〇二四年に一年限りの所得減税をおこない、翌年には防衛費を増税するという場当たり的な財政運営は、大蔵省の時代には許されなかった。財務省が自民党を抑え込んできた財政規律という原則も、ゼロ金利が続いて有効性を失った。二重支配には、表の権力が変わっても裏の権力が一貫した方針を維持できるメリットもあったのだが、それも失われ、日本の政治は漂流を始めている。

日米同盟という「院政」

権力が分散し、最終的な意思決定をおこなう主権者のいない平和国家は、戦争には弱い。それを知っていた明治時代の指導者は、形骸化していた天皇を「万世一系の君主」に仕立て上げたが、この擬制は予想以上の効果を上げ、全国民が「天皇の赤子」として戦争に協力する状況を作り出した。しかし日本に絶対君主の伝統はないので、そのフィクションは敗戦であっけなく崩れてしまった。アナーキーな日本人は「大日本帝国」にはなじめなかったのだ。

新憲法は「主権が国民に存する」と定めたが、これも擬制である。主権者とは（カール・シュミットの定義によれば）例外状態に関して意思決定を下す者だが、すべての国民が主権者として決定を下すことはできない。このように主権の所在がはっきりしないとき、事実上の主権をもつのは暴力装置をもつ軍である。多くの国民が平和しか知らなかった日本で、戦前に軍部が事実上の主権者となったのは、ある種の必然だった。おまけに「統帥権の独立」で軍部の暴走の歯止めもなくしたので、東條英機のような軍人が首相になって戦争に突入した。

これにこりて戦後は陸海軍を解散し、占領軍が全権を握った。それは占領統治としては当然だったが、新憲法でその状態を固定したため、米軍が独立後も駐留し、軍事的な意思決定をおこなう「院政」になった。これはかつて天皇の統治する公領とは別に上皇のもとに荘園が集まったような二重支配だが、意図的につくられたものではなかった。一九五一年にサンフランシスコ平和条約を結んだとき、同時に日米安全保障条約で米軍の駐留を認めたのは吉田茂首相の独断であり、彼が日本を再軍備しなかったためにできた暫定的な制度だった。岸信介首相はこれを是正しようとしたが、野党は日本人の平和ボケの伝統に訴えて憲法を守った。自民党も国会対策に配慮して「解釈改憲」に転換したため、駐留米軍が日本防衛の主軸となった。

独立国の中に外国の軍隊の基地が置かれているのは、異常な事態である。第二次大戦までは、外国の軍隊が駐留しているのは植民地か保護国だった。日本が主権国家として自立するには、日米同盟を対等な軍事同盟に再編する必要があるが、日本人は戦後ずっと続いた「安上がりの平和」に慣れたので、これが戦後日本の国体になってしまった。(9)

この意味で「日本はアメリカの属国だ」という批判は正しいが、その根拠は安保条約ではなく日米地位協定（当初の行政協定）である。これは安保条約の付属協定だと思われているが、講和条約後も米軍の占領統治を継続する地位協定こそ日米同盟のコアだったのだ。これは終戦直後の東アジアで戦争の危機が切迫していた時期に、日本が再軍備するまでの暫定的な「駐軍協定」だったが、本質的に改正されないまま今日に至っている。

その最大の原因は（暫定的だった）憲法が改正できないことだが、問題はそれだけではない。行政協定は米軍に治外法権を認めるような異例の条約だが、日米政府はこれを日米合同委員会の「合意議事録」という密約で維持してきた。いまだに沖縄で問題になる米軍の軍人・軍属の犯罪についての刑事裁判権は、行政協定では日本政府にあることになっていたが、一九五三年の合意議事録で日本側が「実質的に重要」な事件を除いて裁判権を行使しない方針を口頭で表明した。その議事録は二〇〇〇年代に公開されたが、この密約は今も有効である。

一九六〇年に行政協定は改正されて地位協定になったが、このときアメリカ側は刑事裁判権については改正を拒否した。これに日本が妥協して、合同委員会による合意で協定を運用する方式が踏襲された結果、実質的に米軍が治外法権をもつ規定が残った。このような問題は、米軍基地が縮小された本土ではそれほど大きな争点ではなくなったが、一九七二年の沖縄返還後に、相対的に比重の大きくなった沖縄の基地に問題が集中した。

この時期は日米貿易摩擦が激化した時期で、アメリカからは日本が米軍の駐留経費を負担するよう求める声が強まった。米軍の駐留経費については、地位協定では日本の負担は軍用地の接収費用と軍用地主への補償に限定していたが、これについても合同委員会で「覚書」がかわされ、これが「思いやり予算」の原型となった。

この名前は金丸信防衛庁長官が「思いやりの立場で、地位協定の範囲内でできる限りの努力を払いたい」と答弁したのがもとだが、その後も合同委員会でなし崩しに範囲が拡大され、今では駐留経費の七五％を日本が負担している。日本の基地負担がずるずると増える最大の原因は、一九五〇年代の状況から大きく変化した東アジア情勢の中でアメリカが既得権になった米軍基地に固執し、それを日本が合意議事録という密約で認めてきたことだ。

憲法が戦後日本の「表の国体」だとすれば日米同盟は「裏の国体」であり、地位協定はそのコアだった。それは日本の主権を制限する不平等条約だが、アメリカにとっても片務的な防衛義務を負う不平等条約だった。これに手をつけないで第九条だけをいじっても問題は解決しない。逆にいうと憲法を改正しなくても地位協定を改正すれば不平等条約を改正できるが、安倍政権でさえ手をつけなかった。核の傘をもつアメリカ政府は、超法規的な権力をもっているからだ。

それが結果的には、与野党のハト派が憲法改正に反対する理由になった。これまで八〇年近く改正しなくても何もなかったのだから、大きなリスクをおかして核武装する必要はなく、今まで通り米軍に守ってもらえばいい、というのが多くの国民の意識だろう。それは中世に幕府が上皇の権威を利用して全国を統治した構造に似ているが、その平和は応仁の乱で破られた。日米同盟という院政も、いつまで平和を維持できるかどうかはわからない。

平和国家の生存バイアス

日本人が縄文時代から受け継いできた「平和の遺伝子」は、特殊なものではない。歴史上は多くの「平和国家」があったが、ほとんどは滅亡した。縄文人は遺伝的にも文化的にも北米の先住民に似ているが、彼らは武器をもたず、ポトラッチのような贈与で共同体を維持していた。それは部族内の平和を守る上では有効だったが、一六世紀にヨーロッパの攻撃を受けると、あっけなく滅びてしまった。その原因の一つはヨーロッパ人から感染した天然痘だといわれるが、圧倒的な軍事力の違いが最大の原因だった。

朝鮮半島の王朝も平和国家だったが、中国の圧倒的影響のもとにあり、その属国として生きるしかなかった。官制も科挙を導入したが、中国のように全国民が平等に受験できる試験ではなく、官位は相続できないというルールにも例外があったので、官僚(両班)は次第に世襲の特権階級になった。両班というのは文班と武班だが、科挙は文班を選ぶ試験で、武班は軽視されたので、軍事力は貧弱で、中国の歴代王朝に従属する「事大主義」で秩序を保った。

日本列島も、もし朝鮮半島のように大陸と地続きだったら、中国の属国になっていただろう。鎌倉時代にもモンゴルが攻めてきて、そうなる可能性もあった。ユーラシア大陸の大部分を支配下に収めたモンゴル人が日本は二度攻撃しただけであきらめたのは幸運だったが、これは当時の朝鮮を支配していた高麗がモンゴルと戦い、講和に持ち込んだためともいわれる。

一六世紀のヨーロッパに生まれた近代資本主義がアジアを植民地化したのは、スペインやイギリスなどの軍事国家が植民地戦争を世界に拡大した結果だった。かつて平和国家として広大な版図を誇ったオーストリア＝ハンガリー帝国は貴族と地主の寡頭支配を廃止し、官僚制と常備軍を設置して近代化につとめたが、貴族はこれに反対して軍を大幅に削減し、オスマンとの戦争で壊滅した。[10]

日本の大名も一種の寡頭支配であり、武士は各藩の私兵だったので、幕藩体制のままではヨーロッパの国軍には勝てなかっただろう。江戸時代にヨーロッパとの国交を（オランダを除いて）遮断したのは、資本主義の感染を防ぐには有効だったが、その間に起こった軍事革命と産業革命に立ち後れ、幕末にも火縄銃しかなかった。黒船がやってきたときは、戦争で立ち向かえる相手ではないと（戦争のプロである武士には）わかった。

このときアメリカが日本を植民地にしようと思えば容易だっただろうが、幸いアメリカは南北戦争で国内が分裂し、日本を植民地支配する余裕がなかった。その後の日本は近代化を急ぎ、富国強兵策をとった。このとき名目上の君主だった天皇を主権者として国民を戦争に総動員するイデオロギーが機能したことも幸運だった。太平洋戦争には惨敗したが、占領軍が米軍だったことも幸運だった。あと半年、敗戦が遅れていたら、北海道はソ連に占領され、日本は朝鮮半島のような分断国家になっただろう。

このように日本の平和は、奇蹟的な幸運の結果だった。それが当たり前だと思っているのは「生存バイアス」で、歴史上ほとんどの平和国家は、滅亡するか属国になったのだ。強い指導者を拒否する日本型デモクラシーは、本当の戦争になったときは危険である。戦後の日本は、朝鮮半島が中国の王朝に朝貢して冊封されたように、アメリカの属国になってその「核の傘」で守られているが、いつまでも守ってくれるとは限らない。

第九章　大収斂から再分岐へ

日本人は縄文時代に自己家畜化し、強い同調圧力の中で他人と協調できる人しか生き残れない文化的進化をとげた。トップダウンの権力をきらう日本人はボトムアップの「家」の連合の頂点に天皇を置き、そのシンボリックな権威に依拠して貴族や幕府が権力をもつ二重支配を維持してきた。

この構造は戦後の高度成長期まで続いたが、一九九〇年代以降、大きく変化した。それが「バブル崩壊」として認識された変化の原因である。最大の変化は、中国という政治的にも経済的にも強力なライバルが台頭し、日本の大企業がそれに依存してグローバル化したことだ。これによって製造業は空洞化し、高齢化する国内では格差が拡大した。

冷戦終了と大収斂へ

グローバリゼーションは歴史の必然ではない。人類の歴史の大部分において、人々は自分の生まれた土地を離れないで暮らしてきた。狩猟採集社会でもその行動半径はたかだか数キロメートルであり、定住社会では一つの国に限られていた。国家の支配が世界全体に拡大したのは、一六世紀以降の植民地支配時代からである。その原因は戦争の続くヨーロッパで資源が枯渇し、アジアや新大陸に領土を

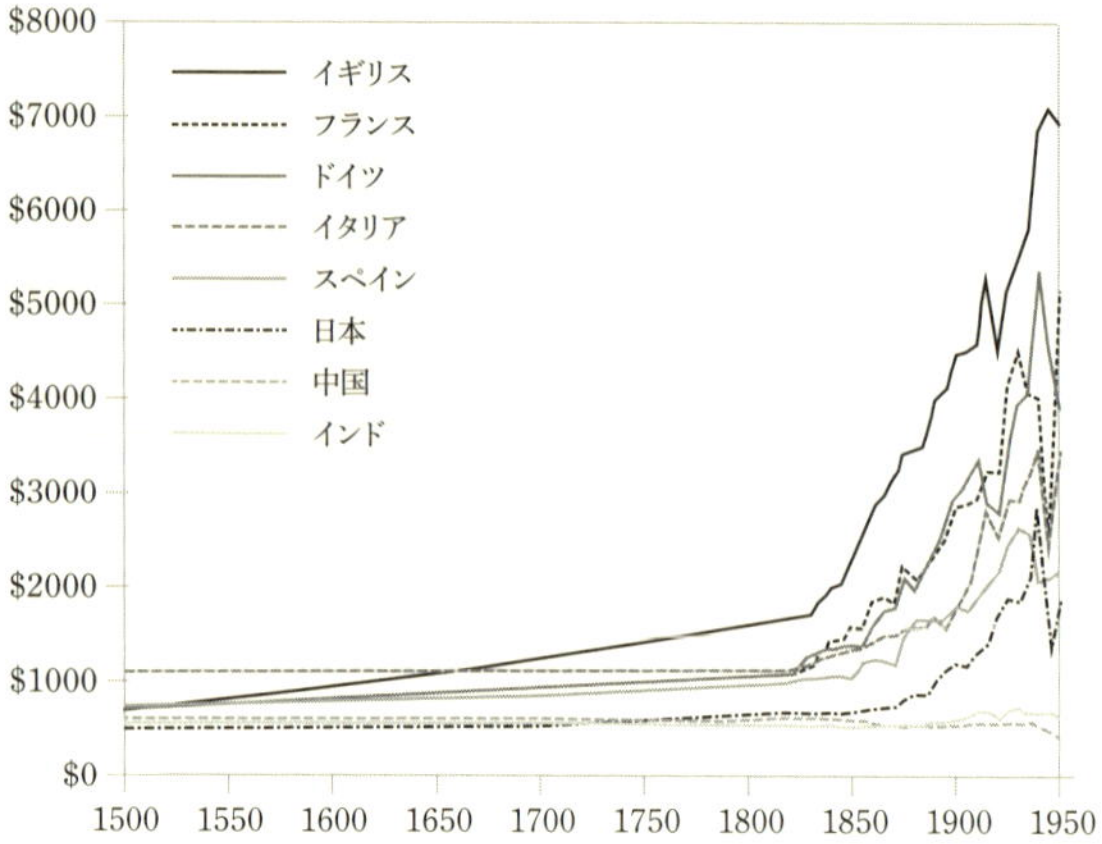

図10　世界各国の一人あたりGDP（マディソン・プロジェクト）

求めたことだった。

これも歴史の必然ではなく、それが成功する見通しもなかった。一八世紀まで世界の最先進国は中国であり、その人口は全ヨーロッパを上回り、GDPも世界一だった。それがその後の二百年余りで逆転され、図10のようにヨーロッパとの「大分岐」が起こったのはなぜだろうか。

従来はこれをヨーロッパの側からみて、中国がなぜ近代化できなかったのかという研究が多かったが、ケネス・ポメランツは中国を世界標準と考え、そこからヨーロッパがなぜ分岐したのかと問う。[1] その原因は産業革命でも市民革命でもない。中国には資本も技術もあり、市場経済は発達していた。ヨーロッパでは宗教戦争が続いていたが、同時代の清は平和だった。

その原因をポメランツは石炭に求めたが、イマニュエル・ウォーラーステインは植民地支配に求めた。[2] これはまだ論争中のテーマだが、一八世紀以降の大分岐をもたらしたのがイギリスの産業革命ではなく、アジアや新大陸を含む「近代世界システム」だったという考え方は多くの歴史学者が認め、グローバル・ヒストリーという新しい分野ができた。

これは伝統社会から物が切り離され、商品として流通する「物のアンバンドリング」だった。[3] ローカルに閉じていた伝統社会が植民地支配で統合され、貿易が始まった。商品はローカルな社会からアンバンドルされて国際的に流通する一方、情報は国内に閉じていたので、東西の格差が広がった。

それに対して一九九〇年代以降の「大収斂」をもたらしたのは「情報のアンバンドリング」だった。コンピュータや通信による情報技術の発達で情報の流通コストが大幅に下がり、冷戦が終わって旧社会主義国が世界市場に安い労働力を大量に供給した。高技術国から技術をアンバンドルして低賃金国に移転する「水平分業」が進み、国際資本移動でアジアが豊かになり、一八二〇年から上がっていた先進国のGDPシェアが、一九九〇年から下がり始めた。これが大収斂である。

資本主義がプロテスタンティズムを生んだ

剰余を贈与して秩序を維持するシステムは、定住社会に普遍的にみられるので遺伝的な感情だと思われるが、何を贈与するかは文明圏によって異なる。これは言語が文化によって違うのと同じだ。階級や国家ができてからも、剰余を蕩尽するためにピラミッドや古墳のようなモニュメントがつくられた。それ自体には意味がないが、古墳をつくった労働者には食物が与えられ、王の富を分配して権威を示し、秩序を維持する役割を果たした。

この点で中世まで日本とヨーロッパは似ていた。カトリック教会はキリスト教とヨーロッパ各地の土着宗教が「習合」したもので、日本の仏教とそれほど大きく違うものではなかった。大事なことは一つの文化圏の中で同じ神を信じていることで、その教義ではなかった。新約聖書はラテン語で書かれ、教会ごとに一冊しか置いてなかったので、ほとんどの信徒には読めなかった。それは戦争を抑止するためにヨーロッパ共通の信仰をつくり、その教義をローマ教会が管理するシステムで、教皇は各国の君主に権威を与える天皇のような存在だった。

しかし中世から領邦を超える商取引や遠距離貿易が盛んになり、ヨーロッパ全域を商圏とする商人が増えた。彼らは個人の契約による株式会社を組織し、株式でリスクを分散して全ヨーロッパ的に活動したが、領邦はローカルな統治機構を維持し、カトリック教会は精神的支配を維持しようとした。

それに対して教会を超える「聖書による救済」を主張し、全ヨーロッパ的な普遍主義を掲げたのがプロテスタントだった。その組織が株式会社のモデルになり、個人が地域を超えてヨーロッパを移動し、契約ベースで働くようになった。それに対して伝統的な地域支配を維持しようとした領主とカトリック教会が戦ったのが宗教戦争だった。(4)

産業革命以後の資本主義は爆発的なスピードで剰余（利潤）を作り出して不平等を生み出し、人を流動化して共同体を破壊した。その剰余を社会に還元するしくみが市場だが、剰余はしばしば市場で処理できる限度を超えて蓄積される。それを定期的に破壊するシステムが恐慌であり、戦争や革命だというのがバタイユの理論である。(5)

資本主義を生んだのはウェーバーのいうようなプロテスタンティズムの職業倫理ではなく、イギリスの軍事国家による植民地支配だった。(6)日本は中世の封建社会を固定してヨーロッパに二〇〇〇年ぐらい遅れをとったが、明治以降の「富国強兵」でその遅れを一挙に取り戻した。だが内戦がなかったため伝統的な共同体が温存され、個人は企業の中の長期的な「メンバーシップ」で企業に従属した。これは契約ベースの「オーナーシップ」で雇用する資本主義とは異なるシステムだった。

資本主義は人々を不断の競争にさらし、貧富の格差を広げ、伝統的な社会を破壊する。それを神の秩序に反する異端として弾圧したカトリック教会は、今日「市場原理主義」を攻撃する人々に似ている。それは二〇〇年以上にわたる宗教戦争を引き起こしたぐらい大きな変化だったが、市場経済がグローバルに広がるときは、資本主義への移行は避けられない。ウェーバーの説とは逆に、契約ベースの資本主義がプロテスタンティズムを生みだしたのだ。(7)

ここで問題なのは長期的な資本蓄積だが、それを実現する制度は西欧型民主制だけではない。地主から土地や財産を奪って国有化する社会主義は、結果的には資本の本源的蓄積だった。ロシアや中国のような資本蓄積の貧弱な国で社会主義が成功したのは、偶然ではない。それを自然な発展にまかせていたら、多くの途上国のように資本蓄積はおこなわれず、貧困のために消費が伸びず、そのために資本が蓄積できない貧困の罠に陥っていただろう。

この意味で社会主義も富国強兵も、国家が資本蓄積を強行する開発独裁に近い。こういう国家資本主義ではイノベーションが生まれないので、国際競争には勝てないと思われていたが、一九九〇年以降の中国の発展はその反例となった。グローバリゼーションが新たな局面に入ったからだ。技術が先進国から低賃金国に移転され、途上国の技術水準は急速に上がった。ここでは親会社と下請けのような序列はなくなり、半導体のようなキーデバイスをつくる企業がサプライチェーンの中心になる。

アメリカのハイテク産業の下請けだと思われていた台湾のＴＳＭＣが世界最大の半導体メーカーになり、中国のファーウェイを締め出しただけで、世界中の半導体産業が大混乱に陥る。半導体や電気自動車のような「答のわかっている技術進歩」にはイノベーションより徹底的な資本蓄積が必要であり、それには国家資本主義が適しているのだ。

グローバル化できなかった半導体産業

一九八〇年代に、日本の電機産業は世界を震撼させた。ソニーやパナソニックのテレビやＶＴＲが全世界に輸出され、日本製の半導体が世界市場の半分以上を占めた。日本メーカーを恐れたヨーロッパ各国は電気製品の輸入を規制し、アメリカは日米半導体協定で日本市場のシェアの数値目標を設定した。

それから四〇年。貿易統計で電気機器の輸入は輸出を上回り、輸入超過になった。「貿易立国」の象徴だった電気製品が輸入品になり、今やテレビの九〇％は輸入品である。こうなった最大の原因は、日本の電機メーカーが家電からＩＴへの産業構造の転換についていけなかったことだ。携帯電話はスマートフォンへの転換に乗り遅れ、国内ブランドで売っている携帯電話のほとんどはアジアから輸入したＯＥＭ（受託生産）である。

半導体は、ＤＲＡＭ（半導体メモリ）最大手のエルピーダメモリが経営破綻し、日立や三菱などが出資してつくったルネサスエレクトロニクスも、経営危機に直面して政府系の産業革新機構が筆頭株主になり、実質的に国有化された。ＩＴ産業では要素技術が標準化されてグローバルに流通し、国際的な水平分業が起こるので、知識集約的なソフトウェアと資本集約的な大量生産に二極化する。「ものづくり」にこだわって研究開発から販売まで少しずつ国内で手がける日本メーカーは、どっちも中途半端になって生き残れなかった。

こういう問題点は、二〇年前から（私を含めて）多くの人が指摘してきた。経営者もわかっているのだが、実行できない。エルピーダもシャープも外資の導入に失敗し、ルネサスは外資系ファンドKKRの投資を拒否した。このように外資による「外科手術」ができないことが、構造転換を阻んでいる。それは日本の会社が資本主義ではなく、終身雇用の正社員とサラリーマン社長の労働者管理企業だからである。

この構造は、江戸時代の村（惣村）にさかのぼる。そこでは「村請」と呼ばれる制度で年貢を庄屋が一括して納税し、その分配や生産管理は百姓（惣百姓）と呼ばれる「正社員」が寄り合いで民主的に決めた。人々を土地にしばりつける身分制度のもとで、村人どうしは決して嘘はつかず、借りた金は必ず返す。山の上まで開墾し、長時間労働で生産性は向上した。村は相互扶助で互いの生活を守る共同体なので、意思決定はすべて百姓の承認を得てボトムアップでおこなわれた。

このような江戸時代の勤勉革命は、資本集約的な技術進歩による産業革命とは対照的に、労働集約的な人海戦術で、与えられた資源をぎりぎりまで効率的に使うものだった。その伝統は、現代の会社に継承されている。ここでは終身雇用で従業員共同体の秩序が維持され、外資のような外からの介入は拒否される。会社の目的は共同体の存続だから、経営者の使命は利潤追求ではなく雇用の維持である。

こういうシステムは、与えられた目的を実行するときは大きな力を発揮する。日本と同じ勤勉革命型のアジア諸国で、ＴＳＭＣなど製造専業のＯＥＭメーカーが成功しているのもこのためだが、日本はその段階を過ぎた。高賃金でコスト競争力がないので、残る道は知識集約型のソフトウェアに転換するしかない。このためには製造部門を切る決断が必要だが、ボトムアップの現場主義では、こういう大きな決断ができない。自分で自分の外科手術はできないのだ。それを社長がトップダウンでやろうとしても、現場の集合体である役員会が認めない。株式も持ち合いになっているので、資本の論理が機能しない。

このため一九九〇年代以降、日本の情報産業はグローバルな企業再編に取り残された。ＧＡＦＡＭ(Google, Apple, Facebook, Amazon, Microsoft)などと総称されるアメリカの巨大ＩＴ産業はソフトウェアの設計だけをおこなって工場をもたない「ファブレス」企業となり、その製品は中国や台湾の「ファウンドリ」と呼ばれる製造専業の工場で、二四時間操業で大量生産される。多くの半導体を設計して自社生産する日本の電機メーカーは、どちらにもなれないで没落してしまった。

一九九〇年まで世界制覇する勢いだった日本企業が九〇年代以降、急速に凋落した最大の原因は、このような情報産業のグローバリゼーションに取り残されたことだ(8)。もともと日本の製造業は全部門で生産性が高かったわけではなく、輸出品の八割は自動車・電機・精密機械の三部門で占められていた。その中で自動車だけは勤勉革命と「すり合わせ」で生き延びたが、要素技術がモジュール化されて中間財の世界市場ができた電機産業では、自社の系列で生産する日本メーカーは価格競争に勝てなくなった。その典型が半導体である。

こうした中で経済産業省は北海道に国策半導体メーカー「ラピダス」をつくり、総額五兆円を投資しようとしている。ここでTSMCを上回る二ナノメートルの最先端の半導体を製造するという目標が達成できると思っている専門家はいないが、その目的は収益ではなく、経済安全保障である。半導体部品が全世界に分散し、戦争などで一つでも欠けると供給できなくなる状況では、国内に半導体工場をつくって国内にサプライチェーンをつくる必要があるというのが経産省の戦略である。

デフレの正体は製造業の空洞化だった

このようなグローバリゼーションの進展が、ここ三〇年の日本経済の衰退の最大の原因である。一九九〇年代の国内経済の崩壊で、グローバル企業はアジアに拠点を移して収益を拡大した。これは一九九〇年代に中国がWTO（世界貿易機関）に加盟したころ始まり、一九九八年の金融危機のあと加速し、二〇一〇年代に史上最大になった。株価は上がり、大企業は史上最高益になったが、実質賃金は下がった。

日銀の黒田総裁の異常な量的緩和は、国内の資金需要をはるかに上回るマネタリーベースを供給したが、インフレは起こらなかった。その過剰流動性は日銀当座預金として「ブタ積み」になっただけではなく、海外直接投資となって国外に流出したからだ。日本経済の長期停滞の最大の原因は、この製造業の空洞化である。

銀行貸し出しが増えると新しい工場やオフィスができて生産性が上がるのが普通だが、日本では二〇一〇年代に全要素生産性（TFP）が低下した。それは国内に古い工場を残し、新しい工場は海外に移転する「負の退出効果」が強まったからだ。(9) 新しい工場の最新技術をもつ要員をアジアの生産

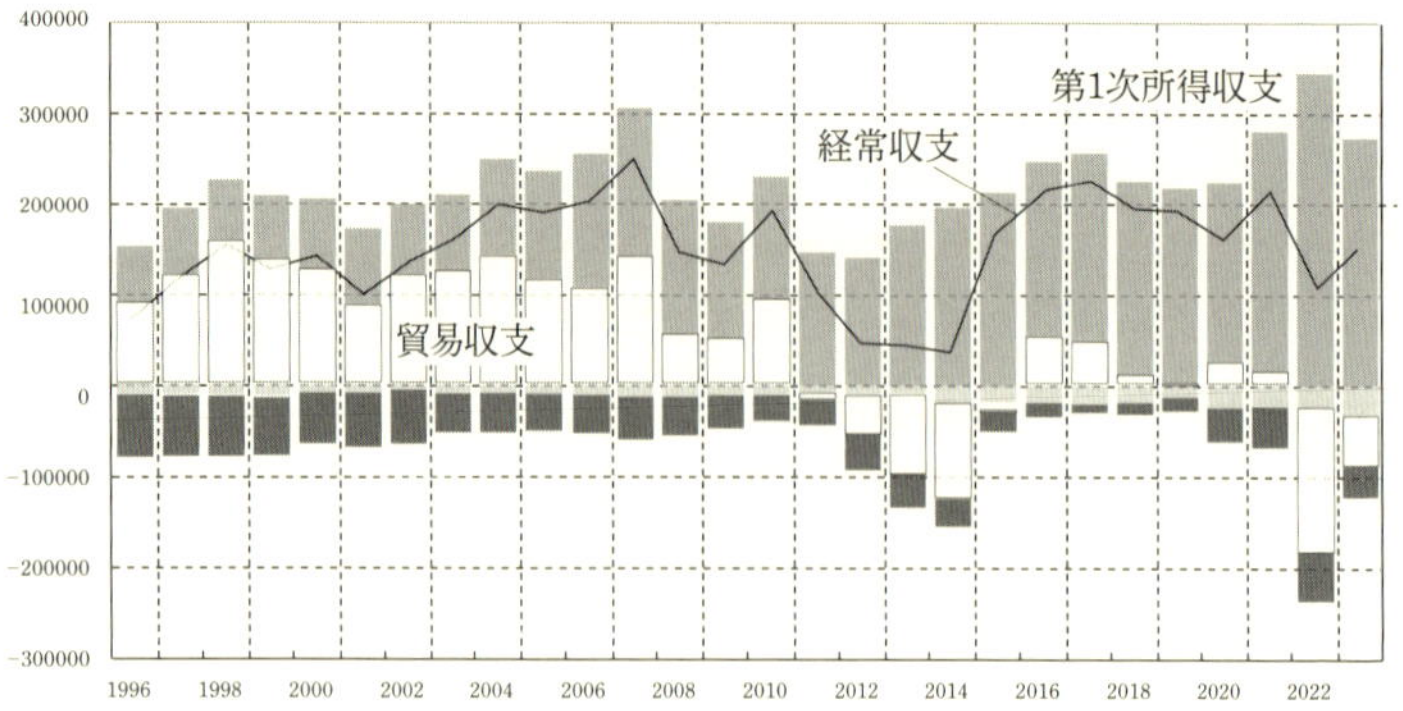

図 11　日本の国際収支（財務省）

拠点に配置転換し、古い工場は国内の雇用維持のために残す「逆淘汰」が起こった結果、国内工場の平均稼働期間が延び、生産性が低下した。

国内の需要不足の原因は「内部留保」五五〇兆円を貯め込んでいるからだといわれるが、日本企業の利益準備金などのうち、現金・預金は二〇〇兆円程度である。固定資産のうち法人企業統計で「その他」に分類されている固定資産の多くは海外直接投資に使われ、これが二〇〇〇年代以降に二倍以上に増えた。[10]「失われた三〇年」に投資不足になった原因は、海外直接投資が増えたことなのだ。

対外的な要因で大きいのは経常収支である。二〇二三年の貿易収支は資源価格の上昇で大きな赤字だが、第一次所得収支は史上最大の黒字になった。したがって経常収支も黒字で、これは円高要因だが、円は一ドル＝一五〇円の円安になった。長期的な為替レートの決定要因については諸説あるが、日本の戦後の歴史をみると、貯蓄と投資を均衡させるように動いている。国内は慢性的に貯蓄過剰（投資不足）なので、それを補うように第一次所得収支（海外投資収益）の黒字が増えたのだ（図11）。

一九九〇年代までは日本企業の会計は単体が中心で、子会社の会計は参考情報だったので、山一証券のように（連結対象外の）子会社に不良債権を飛ばし、本社のバランスシートを「お化粧」するのが常識だった。それが国際会計基準にもとづいて二〇〇〇年に連結決算が義務づけられ、二〇〇三年度決算から連結納税できるようになった。これによって本社単体の決算をお化粧する必要がなくなったが、世間では依然として単体で決算を見る傾向が強かった。特にマスコミは本社の業績を見出しにするので、海外で生産した製品を本社に逆輸入し、最後の組み立てだけして本社の利益を嵩上げするお化粧がおこなわれた。

これは粉飾決算ではないが、企業業績の実態を見誤らせる。特に二〇〇八年以降の円高局面では輸出価格が上がったので急速に海外生産が進み、本社が赤字になったが、お化粧で本社の赤字を隠した。法人税が一〇％台のアジアで生産した製品を逆輸入して、四〇％の本社の製品にカウントして納税するのは、連結ベースでみると当期純利益が減るので、株主にとっては不合理な会計操作である。だが、サラリーマン社長は本社が赤字を出すと地位を失うので、株主利益より世間体が大事だったのだ。

この「円高不況」を打開するために日銀の黒田総裁は量的緩和（円安誘導）を始めたが、一ドル＝九〇円から一二〇円になっても、輸出は増えなかった。それどころか、図11のように二〇一三年から貿易赤字に転じたのだ。その最大の原因は原発の停止で化石燃料の輸入が増えたことだが、円高の時期のお化粧を落とした効果も大きい。

たとえば台湾法人で生産した液晶テレビは、二〇〇九年以降に円高で業績が悪化したとき本社で組み立てて国内生産にカウントしたが、金融危機から回復して本社が黒字になると輸入品に計上し、台湾法人の収益にした。台湾の法人税率は一〇％台なので、三〇％の日本で納税するより台湾で納税し、連結経常利益に計上することが合理的だ。このため日本の電機製品は二〇一〇年代に輸入超過になり、貿易赤字が拡大した。

このため国内の製造業の賃金が上がらず、それにつられて非製造業の賃金も上がらなくなった。[11] グローバル企業は（連結で）史上最高益となり、大企業の集まる日経平均株価は上がったが、国内投資は増えず、賃金も上がらない。これは国際分業で賃金（単位労働コスト）が等しくなる「要素価格の均等化」なので、日銀が金利を上げても止まらない。グローバリゼーションは中国の最貧層を豊かにして世界の格差を縮めたが、中国と競争する先進国の単純労働者は貧しくなって格差は拡大したのだ。

ハートランド対リムランド

中国の習近平国家主席は、二〇二二年一〇月に三期目に入った。彼がロシアのプーチン大統領に似てきたのは偶然ではない。二〇世紀にロシアと中国だけで革命が成功したのも同じ原因である。それは社会主義革命というより、帝政の中での王朝の交代が、マルクス主義というファッションを装っただけだった。資本主義が発展して社会主義になるというマルクスの図式とは逆に、それは政治的自由も財産権もない国だったから成功した軍事クーデタだった。

中国でもロシアでも、普通選挙という意味のデモクラシーが機能したことはない。その共通点は、古代以来の専制国家の伝統である。梅棹忠夫が指摘したように、ユーラシア大陸の中心部には広大な乾燥地帯があり、それを支配するのは遊牧民だった。古代文明の多くはこの乾燥地帯の周辺の農業地帯に成立した。遊牧民はつねに移動して暴力で他民族を支配するので、これに対して農耕文明を守るために中国やロシアで専制国家が発達した。

これは地政学でいう「ハートランド」（中心国）と「リムランド」（周辺国）の対立に似ている。[12] ユーラシアの東西に位置する日本や西欧などのリムランドに住む民族は、遊牧民の支配をまぬがれたので、軍備にそれほどコストをかける必要がなく、古代以来の分権的な社会のままで農業文明から工業文明に進化した。かつて遊牧民の騎馬軍団に対抗できる軍隊はなかったが、近世に西欧が重火器を開発した。この時期に内戦のイデオロギーとして生まれたのがプロテスタントである。これは歩兵を「殉教したら天国で救われる」という信仰で戦争に動員する武器だった。法の支配の原型は教会法であり、世界を単一の「法則」で理解する科学が飛躍的な技術革新を可能にし、新大陸の「発見」によって西欧は中国を逆転した。かつて遊牧民がユーラシアを統一したように、一八世紀以降は西欧が世界を統一した。

日本は遊牧民の暴力に直接さらされることが少ないリムランドの辺境だったので、それに同化できたが、世界史の中では例外である。キリスト教の押しつける秩序に同化できた国は少なく、軍事的に抵抗して敗れた。その典型が清とオスマン帝国である。一九世紀までの世界では帝政が圧倒的に優位だったが、その対立が第一次大戦における帝政の敗北で終わったあと、二〇世紀後半には資本主義と社会主義の冷戦が始まった。その終了を多くの人は「資本主義の勝利」と考え、一九九〇年代から中国がグローバル市場に参入して「大収斂」が起こると考えた。

しかし民主制が近代社会を生んだというのは神話である。名誉革命もフランス革命も明治維新も民主制によって起こった市民革命ではなく、特権階級の内紛だった。民主制は資本主義の条件ではなく、むしろ社会が豊かになった結果である。資本主義の必要十分条件は財産権と資本蓄積なので、独裁国家でも資本主義は発展する。中国とロシアというハートランドが接近し、世界は一九世紀に戻ろうとしているのだ。これからロシア経済が破綻して中国の属国になると、西欧とユーラシア国家がブロック化するだろう。

ユーラシア国家の時代

冷戦は資本主義と社会主義の制度間競争だったが、一九九〇年代に前者の一方的な勝利に終わった。そのとき中国だけは独裁国家として残ったが、西側の政治家も知識人も「中国も豊かになったら民主制になるだろう」と考えた。だが中国は逆に、ますます古代以来の専制国家の伝統に回帰し、これから民主化する兆しもない。専制国家は中国とロシアの伝統であり、民主制よりはるかに長い歴史の試練に生き残った制度なのだ。

中国の政治体制は、生まれたときから社会主義ではなかった。毛沢東の革命は中国の伝統的な農民反乱であり、結果的には資本主義を生みだす「本源的蓄積」だった。それはヨーロッパでは新大陸からの略奪でおこなわれたが、中国では地主からの略奪でおこなわれたのだ。鄧小平が指導者になった一九七八年以降、中国の国営企業は激減し、今は二〇%しかないが、政治的な独裁は強まっている。これを社会主義と呼ぶのは無理がある。今や経済システムの選択は、資本主義か社会主義かではなく、どんな資本主義かの問題である。

ブランコ・ミラノヴィッチはそれを「リベラル能力資本主義」と「政治的資本主義」の二つに分類する。[13]前者の代表はアメリカ、後者は中国である。かつてフクヤマは冷戦終了のとき『歴史の終わり』で前者の勝利を宣言したが、それは時期尚早だった。資本主義は社会主義に勝利したが、リベラル資本主義が政治的資本主義に勝利するかどうかはまだわからない。冷戦が終わったころ、「社会主義とは資本主義から資本主義への回り道だった」という冗談がはやったが、これはある意味で正しい。個人が土地と結びついた封建社会では、労働力を商品として売買する資本主義は成り立たない。地主から土地や財産を奪って国有化する社会主義は、結果的には資本の本源的蓄積だった。

一九世紀に始まった第一のグローバリゼーションは「物のアンバンドリング」だったが、一九九〇年代から始まった第二のグローバリゼーションは「情報のアンバンドリング」だった。[14]第三のグローバリゼーションは、人のアンバンドリングだろう。その一つは移民だが、これは世界的に大きな政治的混乱を引き起こしている。もう一つはリモートワークである。新型コロナ感染症で世界は変わった。人がグローバル化する時代に適応する資本主義が、次の時代の勝者になるだろう。冷戦の終了をアメリカは「民主国家の勝利」と考え、中国がグローバル市場に参入して大収斂が起こると考えたが、今ウクライナで起こっているのは、その逆の再分岐である。

新しい冷戦

世界史の中では、民主制（議会政治）は例外である。それは最近三〇〇年の西欧だけで実現した政治形態であり、その祖国であるイギリスでさえ首相が一ヶ月半で交代する不安定な制度である。その原因は議会の「新しい脳」による合意に依存し、人々を動かす「古い脳」に根ざしていないからだ。

これに対してユーラシア圏の専制国家は、少なくとも一〇〇〇年は続いている。中国もロシアも広大な土地を耕作するために大規模な灌漑が必要であり、それを広域で統括する皇帝が出現した。遊牧民（モンゴル）にたびたび征服され、漢民族やロシア民族を守るために専制国家をつくった。

帝政は第一次大戦で姿を消したと思われたが、いまユーラシア国家という新たな姿をあらわし始めた。それに対する民主制は、もう人類の多数派ではない。ロシアのウクライナ侵略に対する国連の非難決議に反対もしくは棄権した国の人口は、賛成した国より多かったのだ。その動向を決めるのは「グローバルサウス」と呼ばれるアジア・アフリカの発展途上国である。中国はすでにアジア・アフリカの多くの国に融資して借金漬けにし、ロシアも東欧や中東に支配を拡大している。

そんな中で安倍元首相が提唱したクアッド（日米豪印戦略対話）は、インドをリムランドに組み込んで中国を包囲する枠組みだったが、その結束力は専制国家より弱い。民主制を実現するには議会や司法が機能する必要があるが、そのコストは高く、西欧圏と日本以外では成功した実績がほとんどない。

近世以降、西欧人が世界を制したのは、戦争で伝統的な共同体の破壊されたヨーロッパ（西ユーラシア）で、キリスト教が域内を統一したからだ。キリスト教は「殉教したら天国に行く」という信仰で人々を戦争に動員する武器だった。

中国は平和国家として安定していたために一六世紀以降の軍事革命と植民地支配の時代に乗り遅れ、資本主義の本源的蓄積が遅れたが、一九九〇年代以降、急速に追いついている。民主制は資本主義の必要条件ではなく、むしろキャッチアップには独裁国家のほうが適している。中国の脅威はロシアよりはるかに大きいが、日本人はいまだに戦後の短い幸福な成功体験を脱却できない。

経済的な相互依存を深めれば戦争は防げるというリベラルな幻想はウクライナ戦争で終わったが、日本企業は中国のサプライチェーンに深く組み込まれて撤退できない。次に世界大戦が起こるとすれば、ハートランドとリムランドの間で起こるだろう。それは遠い将来のリスクではなく、ロシアのプーチン大統領が「脅しではない」と公言したように、核戦争は現実の可能性である。

日本は中国大陸から適度に離れた孤島で、中国文化の恩恵を受ける一方で、日本の社会秩序を破壊するような国家権力は受け入れなかった。漢字は輸入したが、訓読みにしてやまとことばに組み込んだ。仏教は輸入したが、寺院は「葬式仏教」として国家権力のコントロールのもとに置いた。儒教は輸入したが、科挙は輸入しなかった。律令制は輸入したが、そのトップの天皇は受動的な「まつりごと」の対象だった。

こういう選択的な輸入は、ヨーロッパでは許されなかった。戦争に負けた国民は奴隷にされ、言語も文化も宗教も、すべて他国に支配される。征服者が交代すると、別の文化を強制される。否が応でも開かれた社会にならざるをえないのだ。こうした社会では、何百年も一つの暗黙知を維持することはできない。一国の中でカトリックとプロテスタントが殺し合っているとき、それを調停するには、宗派を超えた普遍的な論理が必要になる。

それがジョン・ロック以来の自由主義（寛容）だが、日本人はそういう不幸な社会を知らない。江戸時代の各藩は鉄砲をもたず、互いに武装解除することで平和を保った。この平和は政治的に作り出された秩序なので、幕末に長州や薩摩が独自に重火器で武装すると、あっけなく崩れてしまった。佐久間象山や福沢諭吉が重視したのも、対外的な開国よりまず国内の「箱」（各藩の境界）を開けることだった。

普通はいったん箱が開くと内外の文化が混じって、普遍的な法律で統治するしかなくなるが、日本ではしばらくたつと平衡が回復され、新しいローカルな秩序ができる。表層は西洋文化に置き換えられるが、古層や最古層の伝統は人々に共有されているので、普遍主義は必要ない。だがそれはどこまでいっても部分最適でしかないので、グローバル化に対応することは困難である。

この日本的デモクラシーは、縄文時代から変わらない定住社会の伝統である。現在の閉塞感の本質は、日本人が受け継いできた平和の遺伝子ではないか。もちろんそれはＤＮＡで決まった宿命ではないが、一万年以上前からの文化遺伝子は容易に変えられない。日本がこれまで植民地支配を受けなかったのは、いろいろな幸運の重なった奇蹟だが、今後ユーラシア国家との「新しい冷戦」の時代になると、平和の遺伝子だけでは平和は守れない。[15]

終章　定住社会の終わり

人類はその歴史の圧倒的大部分において狩猟採集の移動生活をしてきたので、その身体も脳も移動に最適化されている。それが集団で定住になった縄文時代に、生活の革命的な変化が起こった。集団の中で平和を守り、異端者を追放する「村」の文化遺伝子が生まれたのだ。それは遺伝ではなく集団の同調圧力によって蓄積され、強いリーダーを拒否するボトムアップの意思決定が継承された。これが日本人の「最古層」である。

それに対して弥生時代以降、中国から輸入された稲作農業を組織するために国家が生まれ、その連合体のシンボルとして天皇ができた。このときもボトムアップの構造は変わらなかったが、国家を多重構造で支配する「古層」が生まれた。このように一万年以上前から、日本人は定住社会で協調して平和を守る文化遺伝子を蓄積してきたが、グローバリゼーションで、この構造に大きな変化が起こっている。

新しい中世末期

資本主義は近代国家によって生まれたものではない。それは「長い一六世紀」以降のヨーロッパの植民地支配で近代世界システムとして生まれたものであり、むしろ国家主権を超えるシステムである。今はその近代国家が終わり、「新しい中世」に回帰していると田中明彦はいう。[1] だがそれは中世のように諸邦が分立する時代ではなく、GAFAMなどの情報プラットフォームで世界が統合される世界である。これは中世末期にヨーロッパの封建社会が崩壊し、領邦を超えた商人が活躍した時代に似ている。[2]

情報プラットフォームには、国家の司法権は及ばない。国家に課税権はあるが、GAFAMのように実体のない企業は「世界最適立地」で納税額を最小化できる。アマゾンの実効税率は一二・七%、グーグルは一五・八%、アップルは一七・一%と推定されている。[3] これも中世末期と似ている。領主は商人に課税しようとし、教会は個人を支配しようとしたが、二〇〇年以上続いた宗教戦争でヨーロッパは分断され、個人が所属する共同体を失って法の支配のもとに置かれる近代国家が成立した。

日本は中世の領邦が分立する状況を固定して江戸時代の平和を守ったが、ヨーロッパに三〇〇年ぐらい遅れをとった。明治以降にキリスト教の模造品である天皇制でその遅れを取り戻したが、内戦がなかった分、共同体から自立した個人の形成が遅れた。このようなローカルな暗黙知に依存するシステムは、グローバル化に適応できない。一九九〇年代以降、中国がグローバル資本主義に適応するのと対照的に、日本がそれに立ち後れた原因も、その文化遺伝子の違いにある。

それに気づいた大企業は日本を脱出して高い収益を上げたが、政治家も官僚も高齢者や正社員の既得権を守ってグローバル競争から落伍した。「デフレ」と呼ばれる経済の停滞は、その結果であって原因ではない。特に大きな原因は高齢化である。それは単に労働人口が減るからではない。日本の高

齢者は将来世代から社会保険料で巨額の所得移転を受けており、その生涯所得には一億円以上の差がある。(4)

このため貯蓄率は年齢とともに上がり、六〇歳以上が貯蓄の七一％を保有し、金融資産保有額は死ぬとき最大になる。二〇〇〇兆円の家計金融資産のうち、一四〇〇兆円が高齢者の貯蓄として死蔵されて国債の購入に回り、それが過剰な老人福祉の原資となる悪循環である。つまり高齢者は使い切れないほどの「仕送り」を子や孫の世代から受けているのだ。この過剰な老人福祉は単なる所得再分配の問題ではなく、日本経済を衰退させた元凶である。それは幕末に農民の既得権を守って各藩の財政が困窮し、徳川幕府が没落したのと似ている。

「小さな政府」は可能か

経済が成熟し、高齢化で人口の減る日本が、多かれ少なかれ衰退することは避けられないが、それで不幸になるとは限らない。イギリスは植民地支配で掠奪した富を世界各地に資産として保有し、その運用で生ている。かつて世界を支配した大英帝国は、二〇世紀にはずっと貿易赤字だったが、これを植民地からの収益（所得収支）で補い、経常収支は大幅な黒字だった。

第二次大戦で植民地を失って経常収支も大幅な赤字になったが、ポンドを切り下げて黒字にした。この過程で資本が海外に流出し、イギリスは今も世界最大の債権国である。日本は世界最大の対外純債権国だが、イギリスの対外総資産はその五倍以上ある。対外債務も多いので純債務国だが、これは金融仲介で大きな利益を上げていることを意味する。

一九八〇年代にはサッチャー政権が「ビッグバン」で金融の規制改革をおこなった結果、シティの投資銀行はすべて外資に買収された。これを「ウィンブルドン現象」と呼ぶが、サッチャー政権はそれを歓迎した。銀行をどこの国の企業が経営しているかは問題ではなく、イギリスに雇用が発生し、その収益がイギリス人の所得になればいい。イギリスは海外の資本を海外に投資し、衰退する製造業に代わって金融業で経済を建て直したのだ。

ポンドは一九七〇年代の一ポンド＝九〇〇円から現在の一六〇円まで下がったので、海外企業によるイギリス企業の買収が増えた。このときカリブ海などのタックスヘイブンに企業を設立したが、その運用はシティの投資銀行がやった。それは国家を超えるグローバル資本主義のネットワークであり、イギリスの金融資本は国境を超えて莫大な利益を上げている。

それを日本がまねることは容易ではないが、教訓を学ぶことはできる。弱い通貨を国益に役立てることもできるということだ。円安で資源価格は上がるが、海外資産は（円換算で）増価するので、それを海外で再投資すればいい。日本の対外純資産は四一八兆円と過去最大であり、その海外収益を国内に還元して再分配するしかない。

大収斂は世界全体の格差を縮小するので、それを止めることはできないし、止めるべきではない。国内の格差は拡大するが、空洞化を止めても、みんなが平等に貧しくなるだけだ。むしろ徹底的に空洞化し、人口減少の損失をグローバル化の利益で補うことが日本企業の生きる道だろう。国内の生産性の低さが大きな課題だが、これも対外直接投資による逆淘汰の結果なので、対内直接投資で競争を促進して解決するしかない。この際にボトルネックになるのは労働市場の硬直性だが、解雇を実質的

に禁止している判例を立法で上書きし、金銭解雇を明文化すべきだ。(5)

これからは所得や資産の格差が大きな問題になるが、それを補正するには医療・福祉の生産性を高め、社会保障を改革する必要がある。これは膨張する一方だった社会保障給付を削減し、小さな政府に転換する道である。戦前に東洋経済新報の主幹だった石橋湛山は、植民地支配を拡大する軍部の大国主義に反対し、植民地を放棄して統制経済を批判し、自由貿易と市場経済で生きる「小日本主義」を提唱した。戦後、石橋は首相になったが病に倒れ、現在の日本には小さな政府を主張する政党は与野党ともにない。

定住社会から移動社会へ

「私の物語るのは、次の二世紀の歴史である。私は来たるべきものを、すなわちニヒリズムの到来を書きしるす」とフリードリヒ・ニーチェは一九世紀末に宣言した。(6)彼が「ヨーロッパのニヒリズム」と呼んだのは、プラトン以降の西洋思想の帰結だった。普遍的なイデアにもとづいて国民を統治する本質主義はキリスト教と結びつき、超越的な神を世界の本質とする世界観ができたが、近代ヨーロッパでは神の摂理は科学の法則に置き換えられ、世界は意味を喪失した。それがニヒリズムである。

日本では、古代から「日本的ニヒリズム」が続いてきた。日本人は超越的なイデアを拒否し、身近なコミュニティを超える国家を拒否してきた。これは戦争には向いていなかったが、戦争の多かった近代国家が終わり、世界が新しい中世末期に入る時代には、意外に適しているかもしれない。丸山眞男は日本人の歴史意識の「古層」を論じた論文の最後でこう書いた。

「神は死んだ」とニーチェがくちばしってから一世紀たって、そこでの様相はどうやら右のような日本の情景にますます似て来ているように見える。もしかすると、われわれの歴史意識を特徴づける「変化の持続」は、その側面においても、現代日本を世界の最先進国に位置づける要因になっているのかもしれない。このパラドックスを世界史における「理性の狡智」のもう一つの現われとみるべきか、それとも、それは急速に終幕に向かっているコメディアなのか。(7)

木田元は、丸山が日本人の中にニヒリズムを見出していたという。(8) プラトンは古代アテネのデモクラシー末期に生き、なりゆきまかせで国家を運営すると大衆を煽動する僭主が出現して混乱する状況を見て、国家理念としてイデアを考え、哲人政治を理想とした。この意味でプラトン以来の西洋哲学は人間が国家を〈つくる〉思想だった。

それに対して日本人の「古層」には、世界を〈なる〉ものと考える思想がある。歴史を「つぎつぎになりゆくいきほひ」とみる日本人の意識は、ニーチェが来るべき二世紀の歴史と予言し、ヨーロッパでポストモダンとして語られた思想に近い。それはグレーバーが未開社会に見出したアナーキズムに通じるが、国家を否定するのではなく、人々の相互扶助によるアソシエーションに回帰する動きである。世界の一人あたりＧＤＰの上位にはルクセンブルク、香港、シンガポールなどの都市国家が並び、東京、上海、ムンバイ、リオデジャネイロなど一〇〇〇万人以上の人口を集めるメガシティの競争によってグローバル資本主義が動いている。(9) 都市国家に議会は必要なく、シンガポールのように独裁的な首相が決定し、それがいやな人は他の都市に行けばいい。民主国家の voice の代わりに移動による exit で都市を選ぶのだ。それは一万年前に始まった定住革命の終わりだが、未知の世界ではない。

人類は数百万年の歴史の大部分を狩猟採集生活で暮らしてきたので、脳の「最古層」は移動の自由を求める。定住生活から逃れてグローバルに移動するようになると、社会秩序を維持するために人々を束縛してきた宗教も必要なくなるだろう。戦争が起こる限り国家は必要だが、戦争を抑止する最強の制度は世界を一体化する資本主義である。現在のユーラシア国家をみていると、グローバル資本主義で世界が統合されるユートピアがすぐ来るとは思えないが、情報技術革新は不可能を可能にする。

今もっとも重要な資源は人的資源であり、それを体化したソフトウェアや知的財産権などの「無形資産」(intangible assets) である。これをコントロールする上では土地は無意味であり、人間もＩＴで代替できる。ＧＡＦＡＭに代表されるグローバルＩＴ企業の資産の大部分は無形資産であり、その配分を最適化するために人間がグローバルに移動する。一万二〇〇〇年前に始まった定住革命が、今や終わろうとしているのだ。

このグローバルな〈帝国〉は国内の独占禁止法で規制できず、課税も困難だ。そのコアになっている無形資産は、国境を超えて容易に移動できるからだ。日本経済の長期停滞の原因も、製造技術がＩＴ化されてアジアに移転し、国内に生産性の低い非製造業が残った空洞化なので、世界から投資を呼び込むためには雇用規制をなくして労働移動を容易にし、企業を exit で規律づける必要がある。グローバルに人と金が移動する世界は、定住社会で voice によって秩序を守ってきた日本人にはなじみにくいが、これは初めての経験ではない。一万年前まで人間は移動生活していたので、その脳の最古層には自由を求めるノマドの遺伝子があるからだ。

注

はじめに

（1）M・ポランニー『暗黙知の次元』筑摩書房。T・クーン『科学革命の構造』みすず書房。

序章　新型コロナで露呈した「国家の不在」

（1）山岸俊男『信頼の構造』東京大学出版会。

（2）Our World in Data https://ourworldindata.org/safest-sources-of-energy

（3）首相官邸ホームページ https://www.kantei.go.jp/saigai/senmonka_g66.html

（4）中西準子『リスクと向きあう』中央公論新社。

（5）小泉純一郎『原発ゼロ、やればできる』太田出版。

（6）森山優『日本はなぜ開戦に踏み切ったか』新潮社。

第一章　文化はラマルク的に進化する

（1）これは一八世紀の神学者ウィリアム・ペイリーが神の存在証明として考えた比喩である。ドーキンス『盲目の時計職人』早川書房。

（2）L. Newson & P. Richerson, *A Story of Us*, Oxford University Press.

（3）千葉聡『ダーウィンの呪い』講談社。

（4）F・ハイエク『致命的な思いあがり』春秋社。

（5）R・ダンバー『友達の数は何人？』インターシフト。

（6）群淘汰（collective selection）の理論を提唱したのはヴェロ・コプナー・ウィン＝エドワーズだが、彼ものちにこの理論を撤回した。本書ではこれを多レベル淘汰と区別して「群淘汰」と訳す。

（7）W.D. Hamilton, "The Genetical Evolution of Social Behaviour", *Journal of Theoretical Biology*, July 1964. ただしハミルトンの遺伝子は仮想的な概念で、それを「利己的」と表現したのはドーキンスのレトリックである。

（8）E. Sober and D.S. Wilson, *Unto Others*, Harvard University Press.

（9）J・ヘンリック『文化がヒトを進化させた』白揚社。

（10）R・ダンバー『人類進化の謎を解き明かす』インターシフト。

（11）E・O・ウィルソン『人類はどこから来て、どこへ行くのか』化学同人。

（12）ただ淘汰の単位は個体で、集団の生き残りは個体が生き残る条件だから、多レベル淘汰は結果的には血縁淘汰に帰着するので、ほとんどの場合に個体とは別の集団の利益を考える意味はない、というのが多数の生物学者の意見である。ウィルソン（前掲書）の訳書の解説（巌佐庸）を参照。
（13）Ｒ・ドーキンス『利己的な遺伝子』紀伊國屋書店。
（14）ヘンリック、前掲書。
（15）P. J. Richerson et al. *Not By Genes Alone*, University of Chicago Press.
（16）Ｊ・ヘンリック『WEIRD』白揚社。
（17）竹沢尚一郎『ホモ・サピエンスの宗教史』（中央公論社）は、ハラリの説を「遺伝学的な根拠の欠けた乱暴な議論」と否定している。
（18）Ｋ・レイランド『人間性の進化的起源』勁草書房。
（19）M. Tomacello, *A Natural History of Human Thinking*, Harvard University Press.
（20）Intersubjective はもとはフッサールの言葉で、通常は「相互主観的」とか「間主観的」と訳されるが、廣松渉は先験的に人々に共有される観念という意味で、あえて「共同主観性」と訳した。廣松『世界の共同主観的存在構造』岩波書店。
（21）ヘンリック『文化がヒトを進化させた』。
（22）Ｎ・ライハニ『「協力」の生命全史』東洋経済新報社。
（23）H. Gintis et al. *Moral Sentiments and Material Interests*, MIT Press.
（24）Ａ・マッキンタイア『依存的な理性的動物』法政大学出版局。
（25）Ｓ・ボウルズ他『協力する種』ＮＴＴ出版。
（26）Ａ・グライフ『比較歴史制度分析』筑摩書房。

第二章 「自己家畜化」が文化を生んだ

（1）Ｅ・Ｏ・ウィルソン、前掲書。
（2）山本七平『「空気」の研究』文藝春秋。
（3）Ｔ・コーエン『フレーミング』日経ＢＰ社。
（4）Ｄ・リースマン『孤独な群衆』みすず書房。ＳＮＳではこういう傾向が増幅され、同調圧力が強まっているとキャス・サンスティーンは指摘している（『同調圧力』白水社）。
（5）Ｄ・ヒューム『人間本性論』法政大学出版局。
（6）Ａ・ダマシオ『デカルトの誤り』筑摩書房。
（7）Ｄ・カーネマン『ファスト&スロー』早川書房。
（8）Ｎ・チョムスキー『デカルト派言語学』みすず書房。
（9）チョムスキー『統辞構造論』岩波書店。
（10）N. Chomsky, *The Minimalist Program*, MIT Press.
（11）Ｔ・Ｊ・セイノフスキー『ディープラーニング革命』ニュートンプレス。

（12）K. Frisch, *The Dance Language and Orientation of Bees*, Harvard University Press.

（13）金谷武洋『日本語と西欧語』講談社。このような主語のない構造は三上章など古くから知られている。國分功一郎はこれを「中動態」と呼んで日本語の特徴としているが、これは古代の言語に共通の特徴である。國分『中動態の世界』医学書院。

（14）M・H・クリスチャンセン他『言語はこうして生まれる』新潮社。

（15）E・トッド『文明の接近』藤原書店。

（16）吉本隆明『言語にとって美とは何か』勁草書房。

（17）M・トマセロ『コミュニケーションの起源を探る』勁草書房。

（18）人間とチンパンジーのDNAでは、FOXP2という塩基配列に二ヶ所の違いがある。これはFOXP2そのものが言語能力の原因というより、言語に関連する発話などの能力の違いと考えられている。R・C・フランシス『家畜化という進化』白揚社。

（19）B・ヘア他『ヒトは〈家畜化〉して進化した』白揚社。

（20）この遺伝子はBAZ1Bと呼ばれて神経堤幹細胞に関連し、家畜には少ない。人間でも、ある種の発達障害（ウィリアムズ症候群）の人には少ないが、彼らは極端に社交的で、お人好しでおしゃべりだ（フランシス、前掲書）。

（21）K・レイランド、前掲書。

（22）D.S. Wilson, *Does Altruism Exist?* Yale University Press.

（23）山極寿一『人類進化論』裳華房。

（24）R・ランガム『善と悪のパラドックス』NTT出版。

第三章　縄文時代の最古層

（1）池田信夫『丸山眞男と戦後日本の国体』白水社。

（2）西田正規『人類史のなかの定住革命』講談社。

（3）R・ダンバー、前掲書。

（4）M・サーリンズ『石器時代の経済学』法政大学出版局。

（5）M・モース『贈与論』筑摩書房。

（6）ゲーム理論の囚人のジレンマでは裏切りがつねに最適解となるが、集団に入るとき贈り物を預託し、裏切るとそれを失う制度を設計すると裏切りを防ぐことができる。H.L. Carmichael & W.B. MacLeod, "Gift Giving and the Evolution of Cooperation", *International Economic Review*, 1997.

（7）B・マリノフスキ『西太平洋の遠洋航海者』講談社。

（8）J・スコット『反穀物の人類史』みすず書房。

（9）世界史上初めて大規模な定住社会となったメソポタ

ミアでは、たびたび感染症が大流行した。そのとき周辺部にいた健康な民族が侵入したが、都市の中では免疫がないため絶滅した。古代文明の多くは、このような集団免疫で維持されたという。山本太郎『感染症と文明』岩波書店。

(10) M・ダグラス『汚穢と禁忌』筑摩書房。

(11) C・レヴィ＝ストロース『野生の思考』みすず書房。

(12) R・ヤコブソン『一般言語学』みすず書房。

(13) 國分功一郎『暇と退屈の倫理学』新潮社。

(14) ダンバー『宗教の起源』白揚社。

(15) スコット、前掲書。

(16) 松木武彦『人はなぜ戦うのか』中央公論新社。

(17) 内藤湖南『支那論』文藝春秋。

(18) G・バタイユ『呪われた部分』筑摩書房。

(19) 瀬川拓郎『アイヌと縄文』筑摩書房。

(20) 網野善彦『無縁・公界・楽』平凡社。

(21) P・クラストル『国家に抗する社会』水声社。

(22) D・グレーバー&D・ウェングロウ『万物の黎明』光文社。

(23) P・クロポトキン『相互扶助論』論創社。

第四章　天皇というデモクラシー

(1) F・フクヤマ『政治の起源』講談社。

(2) S・ピンカー『暴力の人類史』青土社。

(3) L.H. Keeley, *War before Civilization*, Oxford University Press.

(4) A・ガット『文明と戦争』中央公論新社。

(5) D・グレーバー&D・ウェングロウ、前掲書。

(6) J. M. Gomez et al. "The phylogenetic Roots of Human Lethal Violence", *Nature*, 2016.

(7) C. Boehm, *Hierarchy in the Forest*, Harvard University Press.

(8) R・ダンバー、前掲書。

(9) 橋場弦『古代ギリシアの民主政』岩波書店。無頭性という言葉は歴史学用語だが、バタイユの概念でもあった（『無頭人』現代思潮新社）。

(10) 石井知章『K・A・ウィットフォーゲルの東洋的社会論』社会評論社。ウィットフォーゲルの議論は、最近では疑問とされる。運河などの水利事業は文明初期には必要だが、その後はほとんど投資が必要ないので、灌漑事業だけで皇帝の地位は維持できない。この点では、後述の梅棹のような軍事的な説明のほうが説得力がある。

(11) 松木、前掲書。

(12) 吉村武彦『ヤマト王権』岩波書店。

(13) 歴代の天皇の中で側室の子でないことが確認できる

のは、第一〇九代の明正天皇と昭和天皇以降の三代の合計四人だけである。
(14) 松木は、天皇の権威を示す古事記や日本書紀のような神話ができたことが、古墳の消えた原因だとしている。
(15) 本郷和人『世襲の日本史』NHK出版。
(16) 丸山眞男「政事の構造」『丸山眞男集　第一二巻』岩波書店。

第五章　公家から武家へ

(1) M・ヘラー『グリッドロック経済』亜紀書房。
(2) 永原慶二『荘園』吉川弘文館。
(3) 伊藤俊一『荘園』中央公論新社。
(4) 「家」の発祥を中世の農村と考えるのが通説だったが、最近では武士の起源を京都に求める説が有力になり、「家」は荘園制の中の「職」から生まれた相続システムと考えられている。五味文彦『中世社会の始まり』岩波書店。
(5) 桃崎有一郎『武士の起源を解きあかす』筑摩書房。
(6) E・トッド『家族システムの起源』藤原書店。
(7) 柳田國男『蝸牛考』岩波書店。同じように「アホ」という言葉は近畿地方にみられ、「バカ」は静岡から東にみられるが、広島より西にもみられる。「ホンデナシ」は青森と種子島にみられる。これはホンデナシが最古で、そこからボケやバカになり、アホが最新の形であることを示している。松本修『全国アホ・バカ分布考』新潮社。
(8) 梅棹忠夫『文明の生態史観』中央公論新社。
(9) ヘンリック『WEIRD』。ただし外婚制によって近代ヨーロッパに特有の文化的特徴の多くを説明する仮説には疑問がある。
(10) 網野善彦『異形の王権』平凡社。
(11) 中沢新一『僕の叔父さん網野善彦』集英社。
(12) 呉座勇一『一揆の原理』筑摩書房。

第六章　長い江戸時代の始まり

(1) 神田千里『織田信長』筑摩書房。
(2) 笠谷和比古『関ヶ原合戦』講談社。
(3) 厳密にいうと「藩」も「幕府」も明治時代につくられた概念なので、「幕藩体制」という言葉も存在しないが、本書では便宜上こう呼ぶ。
(4) N・ペリン『鉄砲を捨てた日本人』中央公論新社。
(5) 清水克行『喧嘩両成敗の誕生』講談社。
(6) 笠谷『主君「押込」の構造』講談社。
(7) 笠谷『士（サムライ）の思想』筑摩書房。
(8) 磯田道史『明治維新で変わらなかった日本の核心』

PHP研究所。
(9)速水融『近世日本の経済社会』麗澤大学出版会。
(10)渡辺尚志『近世百姓の底力』敬文舎。
(11)テツオ・ナジタ『相互扶助の経済』みすず書房。
(12)磯田『武士の家計簿』新潮社。
(13)深尾京司ほか『日本経済の歴史2』岩波書店。

第七章　明治国家という奇蹟

(1)三谷博『愛国・革命・民主』筑摩書房。
(2)ただし『太平記』では、これは師直本人の言葉ではなく反師直派の僧が「讒言」したものとしている。
(3)「藩」という名称はこのときできたもので、江戸時代には「家」と呼ばれていた。「幕府」も長州が使った言葉で、江戸時代には「公儀」と呼ばれていた。
(4)勝田政治『廃藩置県』角川学芸出版。
(5)伊藤博文「明治憲法起草の大意の説明」衆議院憲法調査会事務局。
(6)坂井雄吉『井上毅と明治国家』東京大学出版会。
(7)戸部良一『逆説の軍隊』中央公論新社。
(8)川田稔『昭和陸軍の軌跡』中央公論新社。
(9)山本七平『一下級将校の見た帝国陸軍』文藝春秋。
(10)山本七平・岸田秀『日本人と日本病について』文藝春秋、一五三頁。
(11)『一下級将校の見た帝国陸軍』三一九頁。

(12)加藤聖文『国民国家と戦争』角川学芸出版。フクヤマ(前掲書)も、民主制は近代国家の必要条件ではないが、戦争に国民を動員する思想として有効だったと述べている。
(13)伊藤隆『大政翼賛会への道』講談社。
(14)有馬学『帝国の昭和』講談社。

第八章　平和の遺伝子への回帰

(1)江藤淳『一九四六年憲法 その拘束』文藝春秋。
(2)古関彰一『平和憲法の深層』筑摩書房。
(3)伊丹敬之『中二階の原理』日経ＢＰ。
(4)東洋酸素事件の判決では、労働組合との協議を不可欠の要件とはしない「三要件」だったが、その後の判例では四要件とする場合が多い。
(5)池田信夫『情報通信革命と日本企業』ＮＴＴ出版。
(6)グライフ、前掲書。
(7)Ｒ・アレン『なぜ豊かな国と貧しい国が生まれたのか』ＮＴＴ出版。
(8)F. Hayashi and E.C. Prescott, "The Depressing Effect of Agricultural Institutions on the Prewar Japanese Economy", *Journal of Political Economy*, 2008.
(9)池田『丸山眞男と戦後日本の国体』。
(10)Ｆ・フクヤマ『政治の起源』講談社。

第九章　大収斂から再分岐へ

（1）Ｋ・ポメランツ『大分岐』名古屋大学出版会。
（2）Ｉ・ウォーラーステイン『近代世界システム』名古屋大学出版会。
（3）Ｒ・ボールドウィン『世界経済　大いなる収斂』日本経済新聞出版社。
（4）Ｈ・Ｊ・バーマン『法と革命』中央大学出版部。
（5）バタイユ、前掲書。
（6）Ｊ・ブリュア『軍事＝財政国家の衝撃』名古屋大学出版会。
（7）バーマン、前掲書。
（8）池田『情報通信革命と日本企業』ＮＴＴ出版。
（9）深尾京司『「失われた20年」と日本経済』日経ＢＰ。
（10）門間一夫『日本経済の見えない真実』日経ＢＰ。
（11）これは高度成長期に労働生産性の高い製造業の賃金が上がり、それにつれて非製造業の賃金も上がった「バラッサ＝サミュエルソン効果」の逆だから、逆ＢＳ効果と呼ばれている。法眼吉彦ほか「国際経済環境の変化と日本経済」日本銀行、二〇二四。
（12）Ｈ・Ｌ・マッキンダー『マッキンダーの地政学』原書房。
（13）Ｂ・ミラノヴィッチ『資本主義だけ残った』みすず書房。
（14）Ｒ・ボールドウィン、前掲書。
（15）池田・與那覇潤『長い江戸時代の終わり』ビジネス社。

終章　日本型デモクラシーの終わり

（1）田中明彦『新しい中世』講談社。
（2）バーマン、前掲書。
（3）ＧＡＦＡの租税回避度、http://www.cosmos-international.co.jp/?p=1643
（4）島澤諭『年金「最終警告」』講談社。
（5）日本の労働法規の原則は解雇自由であり、労働基準法でも解雇の前三〇日までに通告するという以外の制限はないが、判例で事実上、解雇を禁止している。
（6）Ｆ・ニーチェ『権力への意志』筑摩書房。
（7）丸山「歴史意識の「古層」」『忠誠と反逆』筑摩書房。
（8）木田元『反哲学入門』新潮社。
（9）Ｎ・ファーガソン『劣化国家』東洋経済新報社。

著者略歴
池田信夫（いけだ・のぶお）
一九五三年生まれ。東京大学経済学部卒業後、日本放送協会（ＮＨＫ）に入局。報道番組「クローズアップ現代」などを手掛ける。ＮＨＫ退職後、博士（学術）取得。経済産業研究所上席研究員などをへて現在、アゴラ研究所代表取締役所長。著書に『情報通信革命と日本企業』（ＮＴＴ出版）、『イノベーションとは何か』（東洋経済新報社）、『「空気」の構造』（白水社）、『資本主義の正体』（ＰＨＰ研究所）、『丸山眞男と戦後日本の国体』（白水社）、『脱炭素化は地球を救うか』（新潮社）他。

平和の遺伝子
日本を衰退させる「空気」の正体

二〇二四年一二月一〇日　印刷
二〇二四年一二月三〇日　発行

著　者　© 池田信夫
発行者　岩堀雅己
印刷所　株式会社三陽社
発行所　株式会社白水社

東京都千代田区神田小川町三の二四
電話　営業部〇三（三二九一）七八一一
　　　編集部〇三（三二九一）七八二一
振替　〇〇一九〇・五・三三二二八
郵便番号　一〇一・〇〇五二
www.hakusuisha.co.jp

乱丁・落丁本は、送料小社負担にてお取り替えいたします。

株式会社松岳社

ISBN978-4-560-09471-6
Printed in Japan

索　引

か行

さ行

た行

な行

は行

ま行

や行

ら行

わ行

欧文